我与交行口述历史

《我与交行——口述历史》编委会 编

复旦大学出版社

《我与交行——口述历史》编委会

主　任

彭　纯

副主任

宋曙光　于亚利

主　编

帅　师

副主编

沈明智　茅晓佩

编　委

彭　纯　宋曙光　于亚利
帅　师　沈明智　茅晓佩
何洁蓉　杨德钧　顾　琰

顾　问

周兴文　章义和　陈　江

前 言 / Foreword

　　交通银行自 1908 年成立至今,已有 110 年的历史。作为中国最早的具有现代意义的商业银行之一,交行经历了清政府末期、北洋政府时期、国民政府时期,直至中华人民共和国,在中国现存银行之中,有着最悠久的历史。

　　1908 年,清政府内外交困,邮传部为收回铁路修筑权,奏请成立交通银行,发行"赎路公债",提早清还京汉铁路借款。交通银行由此成立。国民政府时期,交通银行积极协助政府平息公债风潮,稳定金融市场,推动币制改革,成为法币发行行之一。抗日战争爆发后,交通银行又积极扶助实业,致力后方建设,努力稳定金融市场,支持全民抗战。

　　中华人民共和国成立后,对交通银行开展了全面的接管清理与整编复业工作,1950 年 1 月交通银行总管理处迁往北京。1958 年后,交通银行内地业务不断收缩,而香港分行依旧延续经营。1986 年,为适应中国市场经济发展的需要,探索金融体制改革之路,打破专业银行业务垄断的局面,国务院决定重新组建交通银行。交通银行翻开了新的篇章。

　　在金融改革的浪潮下,重新组建后的交通银行承担起了中国金融改革试验田的任务。它是中华人民共和国成立后第一家全国性股份制商业银行,第一家引进资产负债比例管理的银行,第一家从事银行、证券、保险业务综合经营的商业银行,第一家引进国际战略投资者的大型商业银行,第一家在境外公开上市的内地商业银行。30 余年来,交通银行不断深化改革,历经了重新组建,统一法人体制,实现了资产重组、引进外资、公开上市"三次飞跃",逐步向一家走国际化、综合化道路,以财富管理为特色的一流公众持股银行集团迈进。

为了更好地保护和记录这一段历史,尽可能系统和全面地向读者展示交通银行重组以来的整个发展过程,本书编委会采访了20位交通银行的老领导、老员工,他们都是交行改革与发展的亲历者和见证者。通过深入的访谈,亲历者、见证者们追忆细节,感悟得失,总结经验,力求在文献档案资料以外,发现并记录改革过程中更真实、更生动、更具体的历史细节,带大家领略交通银行30年来在金融改革道路上一步步走来的艰辛历程。在口述者朴实而又生动的回忆中,读者能够切实地感受到交通银行所取得的伟大成就背后交行人所付出的努力。交通银行是中国金融改革的一个缩影,希望通过对交通银行改革过程的梳理,为交通银行未来的改革发展提供借鉴,也让社会各界更加历史地、客观地、全面地了解中国金融改革的历程。

为了便于广大读者阅读,编委会在口述文本的基础上,做了适当的处理。在结构上,对部分内容做了调整,使得叙事条理更为顺畅,相关内容也更为集中,并编制小标题,使得段落主题更为明晰。在语言表述上,以尊重口述者本身的语言风格为原则,仅对采访过程中因表达不流畅而造成支离的语言进行调整,对口述中过度的省略和指代不明,予以补足。在内容上,口述史以亲历者的主观回忆为基础,因时隔久远,记忆上难免存在一些偏差,编委会在编纂过程中对此做了大量的核实工作,但由于编者水平的限制,难免挂一漏万,存在错漏或不足之处,恳请读者批评指正。

2018年,交通银行即将迎来110岁的生日。谨以此书作为贺礼,祝愿交通银行在未来的发展道路上不断突破,不断创新,为中国经济金融健康发展做出新的贡献。

《我与交行——口述历史》编委会

2018年3月

目 录 /Contents

前　言 /1

潘其昌　　交通银行原董事长 /1
陈恒平　　交通银行原副董事长 /13
王爱身　　交通银行原副总经理 /30
刘育长　　交通银行原副行长、原常务董事 /35
林中杰　　交通银行原副董事长 /44
顾树桢　　交通银行原筹备组组长、原常务董事 /50
尹宝玉　　交通银行原常务董事、国外业务部原总经理 /57
沈其龙　　交通银行办公室原主任 /72
周兴文　　交通银行办公室原主任 /82
赵　宽　　交通银行党委办公室、办公室原主任 /111
沈绍桢　　交通银行业务处理中心原总经理 /119
杨言家　　交通银行储蓄部原副总经理 /134
赵瑞康　　交通银行电脑部原副总经理 /143
胡国宏　　交通银行储蓄部原处长 /155
张夏阳　　交通银行计划业务部信贷处原处长 /160

顾迈先　交通银行苏州分行原副总经理、原副行长/170

张卫成　交通银行吉林分行延边支行副行长/188

黄布一　交通银行重庆分行个金处原处长/196

陆祥瑜　老交通银行职工、《交通银行史料》编纂者之一/207

余　瑾　交通银行原筹备组副组长、原董事/211

潘其昌
交通银行原董事长

调任交通银行,参与金融改革

20世纪80年代中期,中国金融体制改革进入了重要的历史时期。当时的金融领域是由四家专业银行和一家保险公司垄断的,为了打破这个垄断局面,这场改革势在必行。在这样一个背景下,大概是在1984年下半年,上海市委组织召开了上海经济发展战略讨论会。国务院领导就在这个会上作出指示,要建立一家新的全国性的银行,这家银行要与当时的四大专业银行平起平坐,与四大专业银行一样是全国性的,要把总行设在上海,可以进行对外、对内、长期的、短期的银行业务。这个指示实际上把以后交通银行的轮廓基本上规划出来了。

随后,人民银行总行、上海市委市政府就负责来筹办这个新银行。上海市委当时做了很多筹备工作,指派当时上海市计委主任马一行,还有市政府副秘书长顾树桢,以及其他一些同志参与了调查研究,就这样一步步研究讨论这家银行叫什么名称,属于什么性质,它的特点是什么,包括后来的多级法人体制,都是在那个时候就开始酝酿了。

不久,上海市委就决定成立一个新银行的筹备组,由顾树桢同志担任组长,具体负责筹备工作。新银行沿用老的交通银行的名字。筹建的过程当中筹备组做了很多工作,最后就提出了交通银行领导班子的名单。

我当时担任中共上海市财贸党委党委书记。上海那个时候有八个大口,就是八个管理部门,总管上海市各个方面的工作。财政、工商业、金融业,包括银行、保险等,都是财贸党委这个大口管理的。

他们筹备组知道我年轻的时候在银行里工作过两年。其实那时候我还很小,就十六七岁的样子,根本不懂什么东西,但因为也算在银行待过,所以当时提出的交通银行领导班子的名单里就把我给算上了,叫我来负责今后的交通银行。后来上海市委组织部与中组部以及人民银行等方面领导在北京经过多次研究,觉得要办一家新颖的、改革性的银行,最好还是选择一个熟悉银行业务的同志来担任总经理或者是董事长,所以最后商量下来,认为还是由李祥瑞同志来担任董事长、总经理,我担任副董事长、副总经理。

李祥瑞同志当时任人民银行上海市分行行长。那个时候人民银行上海市分行也属于市财贸管的,实际上是在我下面的。但我很赞成这个决定,这个决定是对的,因为你让我一个不懂银行的人去搞一家新的银行,而且是改革性的银行,你叫我怎么弄?压力太大。所以我认为当时这个决定是非常稳妥的。后来国务院就公布了任命。

就这样,我来到了交通银行。对

1987年2月18日国务院下发的关于李祥瑞、潘其昌、沈润璋、陈恒平、王爱身五人的任免通知

我来说也是遇到这个机遇,能够在具体的金融工作中做点实事,而且新组建的交行是一个金融改革的产物,是新的事物,我也很想过来。

交通银行是这样的,它原来的总管理处还留着,就是没有业务。等到重组以后,总管理处由北京迁到上海,上海分行开业,这两件事情是一起公布的,为此先后开了两次大会。

一次是1987年3月31日在北京开的,宣布总管理处由北京迁往上海,以及交通银行上海分行正式开业。那天到会的人很多,当时的国务委员兼人民银行行长陈慕华、全国人大常委会副委员长荣毅仁、政协副主席刘靖基都参加了会议。上海当时的市委书记芮杏文、市长江泽民也都到会来祝贺。人民银行副行长刘鸿儒也来了,我后来看了看这个名单,中央各部委好多正职部长都参加了会议。这个会议开得非常隆重,非常热烈。这就告诉大家,交通银行恢复重组已经完成了,要在全国开业了,让大家都有这个印象。

上海这个会是在4月10日召开的,在上海工业展览中心,开得也非

1987年4月10日,庆祝交通银行总管理处由京迁沪暨上海分行正式开业招待会在上海举办

常隆重。上海当时的一些主要领导,以及各部门的一些主要负责同志,加上各个大企业的代表都参加了会议。上海市委书记芮杏文、副市长黄菊、国务院上海经济区规划办公室主任汪道涵都到会了,江泽民那次没来。刘靖基也到会了。上海市一些老领导,胡立教、裴先白也都到会的。

这两个会议一开,大家都知道了,我们国家重新组建的交通银行正式开业了,这个影响蛮好的。接下来第二天,本来想当天的,我们就与日本的东京银行、兴业银行签订了合作协议,把这个影响扩大出去。因为交通银行是可以办理对外业务的,这样子国际上的影响也逐步上去了。记得东京银行是我签的,兴业银行是李祥瑞签的。

开拓金融业务,统一法人体制

兼任上海分行工作

交行上海分行开业与总管理处搬到上海是1987年3月31日宣布的。实际上,在此之前,我们已经试营业了一段时间。当时上海分行是我们重组后的第一家分行,地位是很重要的,又在交行总管理处的身边,相当于总管理处的一块试验田。因为综合性银行过去没办过,过去都是专业银行,不懂的事情有很多。按照上面人民银行和交行总管理处的要求,上海分行首先要办成功一个综合性的、区域性的、股份制的商业银行。上海分行首先要办成功,所有其他各地的一些分支机构就可以跟上海分行学习,上海分行怎么搞,他们也怎么搞,上海分行不能搞的,他们也不去搞,起到这么一个示范作用。

交行总管理处几个领导商量下来,叫我兼任上海分行的总经理,我就兼了。在总管理处我是副董事长、副总经理,分管分支机构的建设,刚刚开业,先要有机构,才能有业务,所以当时这个任务也是比较重的,但要我兼,我就兼了。因为刚才也说了,上海分行是一块试验田,要起一个示范作用，要做出个样子来，这样大家都照上海分行的样子来办就行了，这确实是很重要的。

上海分行当时任务非常繁重，一些重大的事情、重大问题的解决、重大的会议，我都参与的，一起讨论，一起研究。这样工作了一段时间，在我任职期间，上海分行已经初步形成了一个综合性的、区域性的、股份制的商业银行。综合性是指人民币、外币，各种业务都可以搞，各种业务都开展了。从股份制来讲，那个时候搞多级法人制，上海分行一共筹集了6亿元的资本金，地方政府，就是上海市拿2.5亿元，我们拿2.5亿元，还有各个大企业参股1亿元，总共6亿元，这样成立一个股份制银行。从区域性来讲，上海分行跨省设立分行，跨两个省，一个浙江省，一个江苏省。上海分行成立管理委员会，管辖江、浙两省的各个分行，像杭州、宁波、苏州、无锡、嘉兴、镇江等都有分支机构，当时算起来有十多个。这实际上也是多级法人的产物，总管理处叫董事会，分行叫管理委员会，也是一级法人，我当时也兼了管理委员会的主任。

这样工作了一段时间，到1990年，我就离开了上海分行。上海分行在当时来讲，在全国范围内，是交通银行各分支行中规模最大，综合服务功能最全，效益最好的一家分行。加之当时正好在免税期，上海分行的年回报率可以达到40%～50%。

发挥优势，化解竞争矛盾

上海分行只是一些重大的事情我参与一下，其他的事情，包括一些日常工作都是由当时的副总经理严孝修、鲁家善来负责的。我工作的重点还是在总行。

交通银行重新组建之初，全国的金融领域是由四家专业银行垄断的。外汇归中国银行管，农村里的金融业务归农业银行管，其他工商企业归工商银行管，基本建设归建设银行管，都分好的。交通银行一成立，综合性的，什么都可以搞，就要求"双边开户"了。按照人民银行的要求，交通银行可以和其他专业银行有业务交叉,可以办理双边开户。这样矛盾就来了,当时反响是很大的。因为大家不习惯竞争,交通银行在金融领域里面引入了竞争机制,大家就很不舒服。所以当时都认为是交通银行破坏了金融秩序,有的银行还发生了退票事件,转到交通银行的资金退票,没用,也由此发生了一些纠纷。

当然,后来这些问题都解决了。我现在想了想,主要是这几个方面做了工作。

第一个是依靠中央和人民银行的领导。要重新组建交通银行是中央的一个重要决策,是金融领域里面的一个重大的改革,交通银行办得怎么样,关系到金融改革的成败,所以大家都非常重视这家银行的成长,都很关心。国务院也好,人民银行也好,各部门也好,他们都很重视,这是最重要的一条。依靠中央,依靠人民银行,依靠各地的政府。他们了解到这是国务院重要的金融改革的决策,只准办好,不能办坏,所以很支持交通银行。这个对交通银行来说是一大优势,所以我们依靠这个优势,好多问题都在当地人民银行的领导下得到解决。

第二个是依靠综合经营。这其实也是中央给我们的优惠政策。我们可以综合经营。既可以办人民币业务,又可以办外汇业务;既可以办银行业务,又可以办非银行业务。客户到我们这里来,他就感觉很方便,我们就利用这个政策的优势来发展自己。

第三个是推出一些新的品种。专业银行不搞的,我们来搞,那就没什么矛盾。我们当时提出通知存款、约定存款、大面额存款,还有一些其他品种,通过这些新的品种来吸引客户。客户一看这个新的品种利率比专业银行要高一点,他们就都过来了,就这样逐步发展自己的业务。这个做法一方面不会与专业银行产生矛盾,另一方面对全国各个银行来讲也是一个推动,促进他们改善服务。

第四个是搞"三个一流",要办成一流的银行。1987年,我们第一次开董事会的时候,李祥瑞同志就在工作报告里面提出"三个一流"的号召,就

1987年3月18日交通银行召开第一届董事会议

是一流的服务质量、一流的工作效率、一流的银行信誉。"三个一流"在当时来讲是交通银行精神文明建设的要求，也是重要的企业文化之一，所以成为我们交通银行的办行宗旨。"三个一流"提出来以后，总管理处要求全国各地分支机构积极贯彻，落实到每个岗位。在"三个一流"的推动下，广大的交行职工都改进服务。人家都觉得你交通银行的服务好，对客户很关心。实际上我们综合服务也是这个意思，效率更高了。所以在银行可以选择客户，客户可以选择银行的时候，客户们就选择了交通银行。"三个一流"对交通银行优化金融服务起了很大的作用，可以说是交通银行的优势之一，因为那个时候提这样的口号是不多的，专业银行都是独家经营，谁来提这个呢？

再有一个就是发挥股份制的优势。交通银行是股份制银行。交通银行开始几年分配率是很高的，所以股东的利益与交行的发展可以说是绑在一起的。交行发展得快，股东利益就高，一些股东，特别是地方政府，因为他们也是股东之一，对交通银行的发展都是很关心的。有什么好的项目、大的项目，都首先考虑交给交通银行去办，交通银行取得效益，他们也有获利。这也是个优势。这样就利用股份制的优势来克服竞争当中的矛盾。

创立太平洋保险公司

上海分行在1987年11月成立了保险业务部，当时上海分行拿出了3 000万元作为资本金，取得了人民银行上海市分行的批准和上海市工商局营业许可证后，就开办了保险业务。当时的保险业务主要还是财产保险，人寿保险还没有，就一个部门，主要承保的对象是外资企业、中外合资企业，当然也有一些大的国内企业。比如当时美国的可口可乐公司、荷兰的飞利浦公司，都在我们上海分行的保险业务部投保。

像这样的保险业务部不光上海分行有，其他的一些分支行，大概有20家，也跟上海分行学了，也在办保险业务。所以我们总管理处就考虑索性办一个保险公司，当时取名叫"太平洋保险公司"。那时候是戴相龙作行长，我们两个就商量，将来搞一个太平洋系列，保险公司叫"太平洋保险公司"，以后如果搞信托公司的话，就叫"太平洋信托公司"或者"太平洋租赁公司"，都叫"太平洋"，因为我们靠近太平洋，太平洋是一个很广阔的大洋。

在这个基础上，就以上海分行保险业务部为主，成立了一个太平洋保险公司，当时投资10亿元。当初讨论决定还是叫我去办这件事情，所以我是太平洋保险公司筹建领导小组的组长，后来就是该公司第一届的党组书记兼总经理。要开展非银行业务，搞一个大公司也蛮好，我非常赞成。筹建领导小组成立以后就选择办公地址，落实公司的人员调配和机构设置。太平洋保险公司成立之初，人员大都是从交通银行过去的。

中国太平洋保险公司是在1991年经过中国人民银行批准后开业的。其他的一些分行不是也有保险业务部吗？于是纷纷换了牌子，变成我们

1991年4月26日中国太平洋保险公司在上海华亭宾馆举行开业典礼

的分公司,这么一来,太平洋保险总公司下面就一下子有二十几个机构了。后来我们又提出这么一个方向,凡是有交通银行的地方都可以设立中国太平洋保险分公司,所以太平洋保险公司的机构和业务发展得很快,很短时间就变成一家全国性的保险公司,并且在中国保险业中位列第二,仅次于人保。

1995年,国务院颁布了《商业银行法》,提出银行业要分业经营。太保也好,海通也好,都要单独去经营,不可以再和银行混在一起。当时我们也想不通,我们辛辛苦苦培植出来的一个公司,发展得也很好,业务量也很大,效益也很好,为什么不能和银行在一起?当时中央还派了主持金融工委日常工作的党副委书记来督办这件事情,一定要分。所以也没有办法,只能分出去,总管理处的股份都转给上海市政府了。2017年10月,世界五百强企业名单发布了,我们中国太平洋保险公司在世界500强里面排在第252位。

统一法人体制

交通银行重新组建后采用了多级法人体制，这是人民银行以及筹备组在酝酿阶段就确定下来的。当时有人提出，既然是多级法人，就应该叫"某某市交通银行"，就像"上海市交通银行"或者"南京市交通银行"、"苏州市交通银行"，因为多级法人制嘛，各为法人。后来我们执行的时候没有采纳，还是叫"交通银行某某分行"，虽然这么叫，但实际上还是多级法人，自负盈亏的。

多级法人在交通银行重组初期，应该是有积极作用的，因为地方政府对它很感兴趣。多级法人嘛，这个交通银行是他地方的银行了，他们对办交通银行的积极性都很高，纷纷要求开办交通银行分支机构。所以交通银行初期的发展很快，翻看我们交通银行的大事记就可以看到，开始几年一会儿这家成立，一会儿那家成立的，一批一批。

但是多级法人确实是有弊端的，世界银行考察组来考察交通银行的时候就指出，交通银行如果说要进入世界大银行之列，一定要统一为一级法人，这是国际惯例，大银行一定是一级法人。

1993年《公司法》颁布了，明确规定了分公司不具有独立法人的地位。一级法人体制有利于加强集中统一领导，有利于整体形象塑造，有利于规范化经营，也有利于各项业务的发展。所以在1993年我们就决定把多级法人体制改为一级法人体制。

当时我们研究下来，决定采用折股的办法。因为各个分支行经济效益有差别，有的效益很好，有的效益中等，有的还有亏损，我们就根据各分支行的经济效益进行折股，折股以后，效益好的股份增加，效益中等的股份就不能增加，效益差的股份还变少了。这样一来就同股同权、同股同利，变成一级法人了。在这个过程中，我们做了大量的工作，特别是效益好的一些分支行给当地的政府、当地的人民银行，做了大量工作，最后总算达成一致了。到1994年7月，我们就召开了重新组建后的第一次股东大会，股东大会上面是我宣布的，交通银行现在是一级法人体制了。就是这样一个过程。

1994年7月12日交通银行在上海影城举行重新组建后的第一次股东大会

推动金融改革，创造不凡业绩

交通银行重新组建到现在已经30年了，这30年当中，交通银行应该说对国家的金融改革、国家的经济发展做出了重大的贡献。它所发挥的作用我讲两个方面。

首先，交通银行的重新组建，对中国的金融体制改革起了一个试验田和领头羊的作用。改革初期，国务院决定重新组建交通银行，打破专业银行的垄断局面，引入竞争机制，通过竞争推动金融改革。

到了大概1993年的时候，国务院就颁布了关于金融体制改革的决定，其中就提到要把专业银行改为商业银行，改为综合性银行。因为有了交通银行的试点改革，他们再来做，都好办了。后来又成立了很多银行，这样就逐步地形成了现在的金融市场。现在的金融市场多热闹，有这么多银行，开始的时候就这么几家，交通银行冲破了垄断局面以后，带动了一大批银行的发展，一个真正的金融市场才开始形成。我觉得这是交通银行的一个重要贡献。

其次，交通银行自身的发展壮大，对国家也是贡献。我们成立初期从零开始，除了香港交通银行一直在经营外，总管理处就是一个牌子，其他什么业务、什么机构都没有。国家投资了 10 亿元，批准了 500 个员工，也就是从这 10 亿元、500 个员工开始，经过 30 年的共同努力，在党的领导下，经历了一段曲折而又光辉的历程，交通银行现有资产规模是 83 000 亿元，员工近 10 万人。从 10 亿元，到 83 000 亿元；从 500 人，到近 10 万人。我们当时的目标是几年内把交通银行的资产规模做到 200 亿元，现在是 83 000 亿元，光利润就 672 亿元，这是相当大的规模。

从机构来讲，我们发展得也很快。现在国内的机构覆盖了全国大部分的主要城市，有 30 家省分行，还有直辖分行 7 家，省辖行 190 多家，3 000 多个网点，各地都有了。凡是经济稍微发达一点的城市都有交通银行。我们交通银行总行的控股子公司，以及全资子公司有 10 家。海外分行遍及 16 个国家和地区，设立了 20 家分行，还有 60 多个网点。美国、英国都有。

外汇业务影响也很大。过去外汇业务是中国银行一家经营的，交通银行首先突破，后来工商银行、建设银行也都跟上去了。

国际上来讲，我们连续 8 年在世界 500 强里面位列一百多位，那也是很好的成绩了。当然，这个是我们 30 年来在党的领导下，几届领导班子领导全体员工共同努力的结果。

现在再看一看交通银行，真是今非昔比了，能够取得现在这样的不凡业绩确实令人非常振奋，非常满意，非常高兴。希望我们交行在现在的基础上，能够发展得更快，影响更大，贡献更大。

陈恒平
交通银行原副董事长

反复研究论证,筹备工作启动

1984年十二届三中全会以后,大家都感到,虽然粉碎"四人帮"已经不少年了,但是我们还是长时期处于经济短缺的状态。那时买东西还要凭票、凭证,大家觉得要发展经济。但是经济的发展不是凭空来的,它有一个资源的需求,有一个先进工具的需求,还有一个劳动力的需求,这些需求说到底,都要通过大量的资金来支持,然而,当时的情况,光靠财政资金是远远不够的。财政资金不够,那么首先想到的就是银行,但是当时的银行体制,不能适应经济发展的需要。

当时的银行,简单来说叫作"大一统",以"大"人民银行为主,下面就是各专业银行,中国银行办理国外、外贸企业业务,农业银行办理农业企业业务,建设银行办理建筑设计企业业务。1984年又成立了工商银行,把人民银行的一些工商企业的业务交给工商银行去办理。当时就是这样按专业划块的。你是哪类企业,你到哪家银行去办理业务,你找到他,他说我没有资金,那你也不能找别家银行。所以在当时计划经济还占主导地位的情况下,经济的发展就受到了银行资金供应的限制。

另一方面,当时的民间资金是很少的。那些年老百姓的工资都没有调整过,只有 36 块一个月,到 1984 年调整了两次,但还是很低。像当时我正局级也只有 100 块出头一点。就是说银行要向老百姓要钱,把钱存进来,是很有限的。那么主要是考虑我们企业当中的运营资金,要把这笔资金盘活。有的企业资金一个月不用,有的企业要用 15 天,但是分散划块了以后各管各的,银行就没办法把它组织起来。所以要冲破这些障碍、这些限制,就需要改变当时银行"大一统"的体制。

当时有两个比较重要的会议。一个是在 1984 年 7 月,当时的国务院总理赴辽宁考察,在会议上提出,必须要振兴和改造辽宁、上海这两个老工业基地。9 月,总理又到了上海,进一步提出上海要发展成为太平洋西岸的经济金融发展中心、贸易发展中心。这个要求就更高啦。会上我们上海的同志也提出,要振兴经济,就要有资金,但是由于计划经济的制约,上海每年 80% 以上的财政收入都上缴中央,所以我们上海能不能少上缴一些给中央,留一点用来搞经济发展?那当然是不行的。那怎么办?我们都知道,经济的发展必然要有银行资金的融通配合,这样的情况下,会上就有同志提出金融体制要改革,金融体制不改革,经济发展中面临的问题没办法解决。

1984 年,在上海展览中心又开了一个全国的经济学家的会议,也研究了这个问题。怎么弄?有不少的老同志提出要把银行搞活,这就开始想到要组建一个新型的银行。所以,交通银行的重新组建就是在经济要发展,金融要改革,上海要振兴这三方面需求的推动下提出的。

1985 年 12 月,当时的上海市常务副市长阮崇武(后担任公安部部长),上海市副市长裴先白(当时分管财贸系统),上海市政府副秘书长顾树桢(曾任上海市财政局局长),上海市政府原副秘书长、原计划委员会主任马一行,还有一个人民银行上海市分行行长李祥瑞,他们几个人就凑在一起考虑怎么来建立这个新型的银行。关于新银行的名称,除"交通银行"之外,当时还提出两个方案:一个是建立一个"上海振兴发展银行",新的银行,名字也是新的;一个就是重新恢复金城银行,解放前上海有一家金城银行,在商业银行当中也是比较有名气的。

大家考虑下来,从银行的本质——资金运用来说,首先是信用,人家把钱存到你这里来首先是看你的信用,没信用,肯定不行。要把信用建立起来,必须要经受历史的考验。所以这样一来,就把"上海振兴发展银行"抹掉了,因为你没有经过历史的考验。另外,考虑到在我们国家的体制下,还要有一定的级别,否则要搞一个全国性的银行有困难。那么就把"金城银行"否定掉了。

我们还有一个更大的目标,将来我们想要向国外筹资。那就还要考虑到在国外的信誉、影响力。那么 1949 年以前,有"中、中、交、农"四大银行,中央银行、中国银行、交通银行、农民银行。我们觉得一方面交通银行有一定的历史地位,在东南亚又有一定的影响,而且历史上,交通银行在东南亚有好几个支行,像菲律宾也有,越南也有。我们香港的交通银行是 1934 年开业的。虽然境内业务已停办了几十年,但对外来讲,没有歇业过,当时中资银行在香港的市场占有率我们仅次于中国银行,占第二位。我们也去考察过。

当时就是从这几个方面来考虑,我们认为重新组建交通银行,把交通银行的功能发挥得好一点,可能就是探索一个新型银行的最佳路径。这样一来,具体操作上也非常简便,因为交通银行总管理处就在北京,当时由中国银行代管,只要发一个公告,搬到上海来重新营业就可以了。

当时我们还有一些顾虑,我虽然也搞了几十年银行,但是因为年龄的关系,对交通银行的历史还不够了解。交通银行历史上还有一些债,一个是向日本借的西原债券,一个是在英国发的债,这都要了解清楚,我们也不想接一个烂摊子下来,将来处理也比较麻烦。为此我们专门请教了几位老同志,还请示了领导,讨论下来,说日本是战败国,当年我们已经免除它的资金赔偿,债券也不用还了。

还有一个顾虑,就是台湾还有一个"交通银行",我们因为对政治方面也比较敏感,所以专门请示了领导。

这些问题都了解掌握清楚了,才最终把定名"交通银行"这么确定下来。

就这样,我们把新银行定名为"交通银行"这个意见汇报上去,再由上海将意见报中央,要求中央派人来组建。因为上海历来是一个金融中心,专业人才也多,所以中央建议我们上海自己选拔。1985年7月15日上海市委就下决心成立了筹备工作的四人小组。一个就是顾树桢,筹备小组的组长,他是市政府副秘书长,原来是财政局局长;第二个人就是我,那时我在市政府财贸办公室当副主任,分管财政银行的一些工作;第三个是余瑾,原来是财政局副局长;第四个是龚浩成,当时人民银行上海市分行的副行长。由上海市委市政府正式任命后,我们四个人就这样子开始了重新组建交通银行的筹备工作。

面对重重困难,艰难突围发展

多项措施提升竞争力

当时重新组建交通银行的定位是股份制、综合性、多元化。我们就提出,内地的交通银行实际上只有一个管理处,基本上没有对外经营,我们没有客户,我们是重新开办的,所以需要一定的政策来支持,比如说企业可以选择银行,银行可以选择企业,双边开户。就是原来在专业银行开户的客户,同样也可以在交通银行开户。确立这样一个原则,那么我们就有竞争力了。根据这个原则,我们制订了专业银行没有的,我们有,专业银行有的,我们要做得比专业银行好,这样一个办行思路。这样子来吸引客户。具体有这么几个工作。

第一个就是推出新品种。之前也说了,在当时金融大一统的体制下,金融产品非常单一,资金搞不活。我们从国际上运用的一些产品中选了三种:一种是约定存款,一种是大面额存款,一种是通知存款。这些产品利息相对高一点,那么存款人也愿意做出这样的选择。对于银行来说,这些产品就把活期存款变成定期存款,这样子银行就有数了,这个期限里面,这些资金我可以用。不然银行不敢用,今天用出去,第二天马上人家来提回去,怎么办?

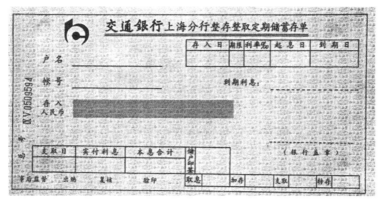

交通银行上海分行整存整取定期储蓄存单

所以这些产品是符合整个社会资金周转的。当时国外已经很普及了,但我们国内还没有,那么我们交通银行就借鉴过来。所以约定存款、大面额存款、通知存款在我们国内,都是从我们交通银行开始的。

第二个就是提升营业机构竞争力。就是"你无我有,你有我优"这样子一个竞争策略。我们当时是较早开始使用计算机的,那时候还不是联网的,就是一个网点一台计算机,速度也比较快,当时客户也很惊喜。另外我们交通银行既可以做国际业务,又可以做国内业务。其他银行,像工商银行、农业银行,都不能做国际业务;中国银行虽然可以做国际业务,但是国内业务比较弱。那么我们填补了这个空白,我们国内业务也强,国际业务上也有优势。

第三个就是股份制。中央、地方、大的企业都是我们的股东。1987 年定下来,总的资本金一共是 20 亿元,中央出 10 亿元,其余的资金地方各家出,先是在上海搞,上海出 2.5 亿元,还有一些大的企业出资入股。那么出资入股以后,股东的利益就和交通银行绑在一起了。所以当时的股份制对我们交通银行业务发展的推动也比较大。当时也有过计划想发行个人股票,但那个时候的思想还跟不上,另外就像开始说的,民间资本也不是很多,所以一直没有发,到后期才发。

第四个就是综合性经营。那时国内的银行都是专业银行,单一经营的,我们交通银行是综合性的。我们有太平洋保险公司可以办保险,我们有海通证券公司可以办证券,还可以办信托、租赁,可以用各种方式为企业服务。这样一来,企业跟银行跟得非常紧。同时,保险公司的资金、证券公司的资金也可以在我们银行,所以综合性经营为交通银行带来了很高的经济效益。国外银行都流行这么做。当然,在一些管理理念和管理经验上,他们的管理理念更新,经验也更丰富。

后来由于受到了一定条件的限制,采取分业经营,对我们来说是蛮伤的。因为太平洋保险公司当时市场占有率很大,排在第二位,仅次于人保。太保的一些人才都是我们交行咬紧牙关调过去的。证券公司也是这样子。所以海通、太保脱离我们交行对我们是有些影响的,损失很大的。虽然现在又回过头来搞综合经营了,但我个人看法,现在的规模啊,各方面还是没有达到当时那种高度,所以我们现在还是以银行为主。

第五个就是开展国外业务,参加国外业务的结算,以及做一些买方信贷。就像我们国内企业要技术改造,要买些新产品,企业一时间拿不出这么多钱,对方企业又不相信他,那我们交通银行给他做担保,我们贷给他。我们还考虑公开发债,把资金筹集起来帮助国内的建设。

从多级法人到一级法人

我长期搞银行工作,也知道银行总归是一个法人的好,你多个法人,内部怎么管?对外怎么解释?但是考虑到我们当时的体制,银行的资源、资金是集体管的，但是银行里的人、管资金的人是地方管的，还有一些地方的国有企业，也都是地方管的。如果不弄这一套多级法人的体制，恐怕办不起来。因为要发挥中央和地方两方面积极性。另外，要搞一个银行，从无到有，首先要有营业点，没有营业点不行，它不是空的，这个也要地方政府帮助落实。所以从人、财、物几方面考虑，只能搞多级法人，要把地方的利益、地方的需求考虑进来，把人的资源考虑进来。

在当时的体制下，多级法人体制是有一定的吸引力，但是它确实是一个过渡性质的体制。如果我们经济、金融发展到一定程度，进入平稳阶段后，就必须转变为一级法人体制。人民银行的刘鸿儒副行长当时分管我们交通银行改革，他说他知道两个行，一个是联邦德国的西德意志州银行，它是多级法人体制，一个是美国的第一联美，这个第一联美现在已经关掉了，它以前也是多级法人体制。

我来到交通银行后，就结合出访考察这个事情。先去了联邦德国，到西德意志州银行去。结果了解下来，因为当时联邦德国有个规定，专门办理储蓄的银行不能办理企业业务，要办理企业业务，那就要有一定的规模、一定的资格才能办，所以西德意志州100多家储蓄机构，大家联合起来拨出资金，成立一个西德意志州银行，这样一来，就可以办理企业业务。简单地说，就是100多个儿子联合起来买了一个老子，买一个老子以后，企业、储蓄业务就都可以做了。

后来我又到了美国洛杉矶，第一联美在那里。我说，你们多级法人到底是怎么回事？他们说，那是受当时美国法律的影响，美国每个州有每个州的法律，当时有个限制，不准其他州的银行在本地开设分支机构，要开银行，就只能是什么州开设什么州的银行。所以他们当时办了六七个第一联美的二级法人，但统一了以后也就取消了。所以也是一个历史过渡。

我回来后，把这两家银行的情况跟我们班子一说，我们也注意到这个问题，多级法人体制开始的时候有它的动力，有它的优势，但是到了一定的阶段，它的缺点就暴露出来了。也正巧，在1991年、1992年的时候，国务院参事室也发文指出多级法人体制不太符合金融企业的国际惯例。

后来我们通过董事会投票，正式通过，改为一级法人体制。当时投票只有两票反对，其他都赞成，比预计的要顺利。我们分支机构的一些老总一般都是当地银行的，还是比较好沟通的。当时我们有一个想法，要干交通银行，你要想来，要吃苦的。你没有改革的精神，你不要来。为什么呢？因为搞改革容易犯错，老的东西大家都会做，新的东西容易犯错误，但是我们的工资待遇还是跟原来一样，还是机关事业单位的工资待遇，所以没有改革精神的，你不要来，你有改革精神的那就来。所以我们交通银行，包括下面分支机构的人都是相当有改革精神的，他们认为原来那样子在银行做下去实在没什么意思，要为改革出点力。所以我们讲了以后，大家也都理解，那么统一法人的历史任务就完成了。

困难重重，夹缝求存

交通银行重新组建发展的整个过程中，碰到了很多困难，有内部的，有外部的。外界对交通银行这样子的发展持两种态度。一种是认为这样子不好，这样子要把我们的金融秩序搞乱，还是老的比较好，你要办交通银行可以，划给你一定的业务范围，这样也出不了大事情。这种意见，我估计在当时可能要占到50%以上。

1985年1月，人民银行派一批人到上海来了解筹备情况，顾树桢是组长，我是第一副组长。我们向对方汇报上海筹备的情况，具体想怎么做也跟对方讲了，就是我前面讲的品种啊这些。要招的人也差不多了，包括王爱身同志，她也来了，担任我们交通银行的副总经理，她原来是我们人民银行上海市分行的老行长，业务也比较熟悉，她也号召凡是有改革精神的人员都到交行来，人员她也筛选过了，确实是都准备好了。但是来了解情况的人员听了我们的汇报以后，还是没有给我们最终的答复。

后来谈了比较长的时间，在和平饭店里谈。我估计可能各方负面的意见比较多，我们回来后，自己内部也讨论研究了，究竟怎么办，大家还是说要继续坚持走下去。最后我们就回答:"如果要走老路,划一块的话,我们就不干了。因为我们来的人都是想对银行工作要有一些贡献的,能够作一点探索的,我们原来都有好的位置、好的职业,不是没有事情干,我们又不是来劳动就业的,是不是？我们个人也没有什么好处,都是冒着风险去闯的,是吧？是这么一个精神来的。如果是这样子,那我们就不干。"所以当时我们很坚持,态度很坚决。后来对方说把我们的意见带回去考虑。

当时我们上海的资金也已经筹齐了,人员也到齐了,江西中路200号就是我们总管理处的办公室和下面分行的营业部,也都装修好了,但是同意正式开业的通知一直没有下来。后来经过批准,我们就开始了试营业。试营业那天,我记得是1986年10月25日,当时我还没有正式调入,我正式接到中央任命是1987年2月份。当时我还在市财贸办公室,这筹备工作,等于是兼着做的。我记得试营业的时候,我还代表市财办作了发言。所以就是在这么一个情况下开始了试营业,也受到大家的欢迎,也得到了上海市政府的大力支持。一方面上面看到了交通银行试营业的情况整体上还算不错,一方面也成了既成事实,所以各方面反映也逐步少一些了。

开业以后,还发生过一个"利率大战"。这段时期,中国金融市场首次出现了差异化的利率产品,比如刚才我提到的约定存款、大面额存款等。在计划经济时代,这些产品从来没有出现过,那么我们交行就成了他们专业银行眼中的"异类",他们都指着鼻子骂我们,因为我们的业务发展给他们提出了挑战,把市场搞"乱"了,他们不好做了,要保持他们原有的优势就有些困难,要促使他们前进。这是有惰性的人所

江西中路200号的交通银行

不太愿意的,一发生什么事情就怪到我们的头上。"利率大战"怎么来的?就是交通银行搞起来的。接替陈慕华担任人民银行行长的李贵鲜一上任就有人来告状。好在李贵鲜行长当时很清醒,李行长当时讲了一段非常中肯的话,他说:"你们讲得都不对,根据我们人民银行掌握的资料,凡是有'利率大战'的银行、地方,都没有交通银行,不是交通银行引起的。你们把这个东西强加给交通银行,这是不对的,你们自己要很好地反思为什么会这样子。"所以这件事给我们感触很深,这件事影响蛮大的,如果李贵鲜行长不出来说这个话,我们再怎么讲,人家都说"利率大战"是我们交通银行挑起的。

上面说的都是我们内部的,也有外部的。

1989年6月发生了挤兑外币的情况。一般情况下,外币我们收下来是没有利息的,要存空的,只有存到香港才产生利息,而我们付给存款人的利息,是当天起息的,所以我们定期要把外币运出去,否则在我们手里就要贴息了。那天记得是礼拜一,早上正好有一批外币要运出去。我们及时关注到当时的一些重大事件,赶紧叫停,把这批外币留下来,我们自己用。当时上海很紧张,中国银行从青岛调来一部分外币,工商银行跟农业银行没有这些,我们就给它。总算这一次上海金融领域没有发生什么大的事情,我们的心都定下来了。我记得过了一段时间,当时的总理李鹏同志把我们工、农、中、建、交的负责人叫到他办公室去,汇报一下那次事件前后的金融情况,对我们表示鼓励。这是我第一次进总理的办公室听他讲话。

但是西方国家还是对我们进行封锁,平常能够借的钱不借了。八九月份的时候,由我带队,还有两个国外业务部的同事一起到奥地利、瑞士、德国进行考察,因为我们要引进新的技术、设备,比如奥地利的医疗器械。他们的中小型器械很先进,我们国内企业想买,要引进,拿不出钱,我们就做一个买方信贷,就是过几个月由交通银行来还,不停地沟通,让他们相信我们交通银行。再到瑞士参观他们的纺织机械厂,瑞士的纺织机械厂很好,我们也签了合同。接着再到德国,也签了合同。

但是由于内外封锁的情况也很厉害,过程中碰到一些不愉快的事情。我们的飞机到奥地利维也纳机场的时候,我们缺了一个行李箱,是业务部门那个处长的。我的行李箱倒在,因为我出国次数比较多,那个行李箱已经很旧了,有点老化了。他是第一次出国,办公室去领了一个新的箱子,当地的坏人把这个新的箱子当成我的了。箱子失窃,给这个处长造成很多不便,衬衫、西装都没了,记得大概那个箱子航空公司赔了250美金。

后来正好奥地利使馆的参赞来机场接我们。因为那个时候交往比较少,交通银行在中国也是五大银行之一,副行长去,他们也很重视。后来我提出,为什么会这样子?他说前一个礼拜中国银行的行长来,也发现少了个箱子,看来就是有一些组织对我们国家怀有敌意。所以在国家困难时期,我们也免不了会碰到这样一些不大不小的事情。

突破阻碍,开拓国外业务

我们正式营业是1987年4月,先在北京饭店开了会,再到上海开会。1988年,我们就在新加坡第一次发债,筹集资金1亿美元。成立一年多马

1988年交通银行在新加坡发行1亿美元债券

上就发债,这个胆子也算是很大的。当时我们确实需要资金。现在1亿美元不算什么了,1988年的时候,1亿美元很可观了,发债过程中也碰到一些困难。

那个时候,我们金融方面与日本来往比较多,与美国还没有接触。日本有四个发债的证券公司,野村是最大的,第二个是大和。我们先和野村谈,野村看不起我们,不愿意合作。再找大和,谈下来可以,条件对我们来说也很有利。五年期的美元债券,每年付息固定利率是9.375%,那个时候是很高的。但是我们跟大和签了一个合约,就是我们互换,我承担,我这9.375%由下一个客户去接收,我负责的是我们银行的同业拆借,libor(同业拆放利率)减13个百分点。什么概念呢?就是如果你银行信誉差,人家就libor加;你信用好,人家就libor减。当时如果说我们要向同业拆借一个月,libor减不可能,就是libor给我们也已经很好了,交通银行毕竟是一个重新组建恢复的银行。所以这样子合作下来,我们心很定了。

因为那时候国内、国外业务都是我分管的,和大和签约合作了之后,我们要去新加坡签字了,那个时候我记得新加坡还没有在我们北京设外交机构,护照出来了请他们签证,一直拿不到,他们就委托英国代办处来审查签证。当时窘到什么程度呢,明天我们要走了,后天要签字了,今天护照我还没拿到。我们去的人飞机票都买了,我一个、国外业务部的经理尹宝玉一个,还有其他几个人,上海到香港,香港到新加坡,当时没有直飞的。护照都拿不到,怎么办呢?董事会当天就马上委托香港交通银行的副总,授权他办一个签证。因为香港交通银行的总经理都是我们国内派去的,副总是当地的,当地人到新加坡当天可以办签证。结果到晚上来了一个消息,签证下来了。我的航班是第二天10点钟,从上海到香港。北京这边就在10点钟之前把我的这个护照什么的,送到虹桥机场,我们就在虹桥机场交接,最后还算顺利到了新加坡签约。

但是大家也知道,日本一些公司的态度是不太友好的。第二年,野村在欧洲一家杂志上发表了一篇文章,说我们1988年发债是失败的,不成功的,而且还当面来告诉我们。他们派了一个常务董事过来,说一定要来见我。因为我们一般都对等的,但是他们架子大,常务董事要见副行长,他们的副社长一定要行长见。我后来想也没什么关系,因为我也是常务董事,我就以常务董事的名义接见了。见面后,他也非常不客气,还把这篇欧洲杂志上的文章给我们看,我说这是你的个人见解,我们认为是成功的。所以我们根本不睬他,不理他,后来我们就没有跟他合作。我们第二次发债还是找了大和,第三次我们就直接找新加坡的银行——华侨银行。

1993年交通银行第三次在新加坡发行债券

因为交通银行在东南亚金融界有一定的影响,所以每次亚洲开发银行的年会,邀请各地的银行去参加,我们都收到请柬。我记得1991年到温哥华参加亚洲开发银行第二十四届年会,我们去了几个同志,我们上海人嘛都说上海话。有一个美林公司二把手的秘书,他是上海一个公司经理的子弟,原来在外贸部工作,后来又到美国去读书,毕业以后就在美林公司。他发现我们也是上海人,就跟我们攀谈起来,他们美林想来中国发展,希望得到我们的邀请。我想我们要打破日本对我们发债事件的一些干扰,确实也需要引进这一方,所以回上海后我们向美林公司发出了邀请,他们接到邀请后到西安还有几个地方一考察,马上就跟我们在各方面开展联系。

我们重新组建以后,在国外业务方面是出了很大力的。为什么呢?也是根据需要,因为国内钱少呀,钱少怎么做呢?所以我们1991年就在美国开了分行。交通银行是新中国成立以后第二家在国外开分行的，中国银行是第一家，也受到了当时同行的支持，大家都看得起我们吧，都来祝贺。应当说还是有点影响的。当时我们的国外业务在国内银行里面，占比很高，中国银行接下来就是我们。

支持经济建设，输送金融人才

我认为我们交行的发展，对国家金融改革是起到一些作用的，大的举措还是中央定的，我们起了一些探索的作用。本来我们国内的金融市场是很封闭的，现在跟国际接轨了，乃至于对国际金融界整个金融市场的稳定也起到一定的作用。因为我们中国现在已经发展到第二大经济体，我们的稳定对世界的稳定也有很大的作用。

对于上海地方的建设发展来说，交通银行也是起了相当大的作用。1988年新加坡发债，我已经讲过了，当时我们上海建造两座大桥——杨浦大桥和南浦大桥。我谈一些事情，我因为也之前没有接触过这些事情，是我到了财贸办公室才知道的。那个时候我们上海的火车站要做改造，就是要扩建。当时的市领导就把我们部委办的那些工业单位、财贸办公室这些领导都叫过去，画了一圈，这里面所有的企业，谁家孩子谁家抱，就是我财贸的，要它搬，就我去处理，工厂的由工业部门处理。当时是这么解决的。那么两座大桥也是这样，它有引桥，这引桥也画了一个地方，也想采取这个办法解决。但是老百姓住的地方没人抱，只好国家抱、地方抱，我们发债拿来的1亿美元就给了上海，用于这两处大桥前后动迁资金的需要，否则这两处大桥要弄还相当困难。我们给它什么呢？我们付的利息是libor减13个百分点，我们给上海市政府libor减7个百分点，我们赚6个点。那么也为上海的发展做了一些贡献。

我们最初三年是免税的，多级法人体制下，地方入股以后，红利当年

上海杨浦大桥

就分了,他们当初投的钱很快就都赚回去了。上海当时投了3亿元,都拿回去了,有一年,一年就分1亿多元。这样子给各个地方一个启发,要发展,就要搞活金融,所以对上海成立浦发银行、上海银行有很大的启发和推动作用。上海现在就把事业单位的一些资金放到上海银行或者浦发银行,交通银行是沾不到边的,这也是可以理解的。在国内五大银行中,在上海成立总行的只有交通银行一家。所以交通银行的重新组建对经济建设、金融改革以及上海的发展,应当说起到一定作用,影响比较大,超前意识比较大一点。现在每个地方都在办,北京是华夏银行什么的。

我们办了这个银行以后,我们输出的人才不少,很多人才都是我们这里出去的。当然有的是跳槽,盼着高工资去的,但出去当领导的多。我们当时就是说,无论你干了多少银行,你要想改革,要创新,你就到交行来,有发展前途。确实我们交行现在也培养了不少人,具体地说,比如现在四川省副省长朱鹤新,他就是从上海财经大学毕业来到交行的,从南通到苏州再到南京,后来又到上海,担任交通银行副行长,再到中国银行当执行董事、第一副行长,后来到了四川。

还有其他从我们这里出去,在别的金融企业当领导的也不少。吴建是华夏银行的董事长,最近刚退下来。王明权是光大集团的董事长,光大的行长、副行长也是我们交通银行出去的,招商银行等一些银行,一大批的人都是我们交通银行出去的。

但是留在我们这里的人也很好,比如现在的行长彭纯,他是五道口(中国人民银行研究生部)毕业的,原来是新疆维吾尔自治区党委政策研究室工交财贸处副处长、经济处处长,进了交行,在新疆分行锻炼一段时间后,到广西、广东两个省分行当行长,在总行又当了一段时间的副行长,现在做到行长。各个部门的总经理就不说了,更多了,处长也很多,有很多很好的发展前景。

现在我已经退了16年了,现在我还每天来行里走走看看。有些人,昨天我还碰到,他说他还有三年退休。我一想,我们来的时候他只有二十几岁,看到这些我很高兴。在我们那个年代,坚持改革,为国家探索,不吃亏的。当时我们引进干部条件也非常优厚。我们上海的知青很多,插队落户的很多,云南、江西什么的都有。当时出来了以后,他们又念了大学,又在银行里当了干部或者什么的,成了家。当时他们还在外地,我们大概调了十几对夫妻,带一个小孩,到上海来,到了我们交通银行都是培养他们做处级以上干部。所以这些同志没有一个离开交行,他们说:"交行给了我三个户口,夫妻两个户口,小孩一个户口,我要对得起交通银行。"

上海分行有个副行长,他在各个部门都起到非常关键的作用。人家高薪请他去,他说他不去。所以我感到要有物质奖励,没有物质奖励不行,但是也一定要有思想基础,没有思想基础,光靠物质奖励,哪里物质好他就到哪里去了,那不行。

谈交行的改革,我们这一代人就只能谈到这里。但我觉得有必要顺带讲一下我们的企业文化。

第一点,我们不断学习国外银行的先进经验。前面也讲到了,交行是改革的银行,要立志于改革,就要不断地学习国外银行的经验。我们不断地派人员到境外去学习,我们有些境外的代理行,也都相互派人员去学习,我们在香港也不定期地组织培训,最后一个落脚点,是美国的伊利诺斯大学,我们跟他们签了约,作为我们的培训基地,先后派去过好多人。

第二点,我们的各级领导都亲自到培训班去讲课。我们交行重视各级培训,轮训职工,我们各级领导自己到培训班去讲课,我当然也带头,我们过世的李祥瑞行长那时也会去。我是2002年退休的,讲课到2007年。这对我们领导也是一个学习、提高的过程,对我们领导来说,也是一种促进。

第三点,我们爱护职工。首先在提职方面,先考虑内部提拔,让广大职工都感觉有奔头。大家都是为改革而来的,为了交行,他们放弃了很多,也牺牲了很多,如果在提拔这件事上弄点关系户进来,那么对广大职工来说,在感情上是很受打击的。爱护职工还有一点就是办食堂,凡是有条件的分支行,都办了食堂。最后一方面就是对于在银行工作人员中出现的极少数败类,我们绝不手软。好的我们要鼓励,不好的,我们一定要把他捉拿归案。这对我们职工具有很好的警示作用,也是出于对职工的爱护,提醒他们在一些原则问题上,不能心存侥幸,一定要守住底线。

王爱身
交通银行原副总经理

主管人事工作，大力引进人才

  上海刚刚解放的时候，我参加了小四行的接管工作，小四行就是当时的中国通商银行、四明商业储蓄银行、中国实业银行、中国国货银行四家银行。那个时候我们有军代表，有工作组。我当时20岁，穿着军装跑上跑下，工作就是上传下达，下面有什么意见反映上去。接管工作结束以后，我就去了人民银行工作，人民银行后来改为中央银行，它原来的班底名为工商银行，我就到了工商银行。大概是在1986下半年的时候，财贸党委书记找我谈话，说要分配新的工作，去筹备新型银行。当时我没有思想准

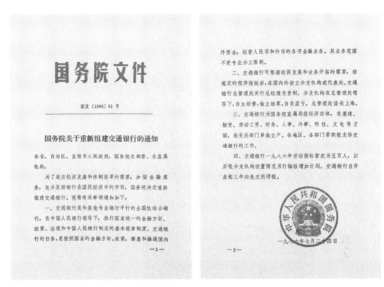

国务院关于重新组建交通银行的通知

备,我就讲了,我都接近退休年龄了,还要到一个新的岗位工作吗?他说是组织上决定的,就这么定下来了。那时候很简单,我们过去参加工作,总归是这样的想法,组织调我到哪里,我就到哪里去,二话不说,就这样子。

新银行沿用老交通银行的名字,因为老交通银行在新中国成立前也是四大银行之一嘛,老的银行也是有传统、有影响的,就选了这个名字。于是就在原来的基础上,重新组建一个交通银行,因为原来交通银行总管理处还是有的。

来到交通银行后,我主要负责人员调动方面的工作。他们考虑到我过去在工商银行工作,工商银行摊子比较大,人员也比较多,是不是可以再带过来一些人。当时很多员工听到要搞一个新式的、开放式的银行,大家还都很有兴趣,想来实践一下,相当一部分人是这个思想;还有一部分人因为在原单位工作时间长了,发挥才能的空间显得比较小一些,也希望调动工作;还有极个别的可能有各种别的原因,想着换一个环境,这个也有的。

我到交通银行来的时候,工商银行总行的行长就打电话给我了,跟我打了个招呼,让我手下留情,不要把骨干都给调走。实际上工商银行总行还是支持的。当时我们考虑到开展业务,总归要有相当一部分银行的干部对业务熟悉一点,能具体操作,就要求调过来的人员当中70%最好是工商银行的。交行那时候人少,70%的比例也不过是几十个人,基本上能够应付需要。

重组之前,我们基本上不出面做什么工作,只是要求来的同志,在工作方式上面能够注意一些,大家都比较积极,也很谨慎,没有发生尴尬的局面。尽管当时其他一些银行有些想法,但具体的工作上还是很支持的。

全国各地交通银行分支行成立的时候,又来了不少人。当时分支行有一个特点,就是股份制,多级法人。照他们下面通俗的说法,这个是我们地方自己的银行,所以各地在支援人员方面是很积极的。从人员调动方面工作来看,我觉得多级法人对分支行的成立,在当时是起了很大的促进作用的。后来基础都打好了,情况又不一样了。再后来成立保险公司也是类似的情形。因为保险公司是我们自己的一个机构,它的成立壮大了我们的业务力量,所以我们调拨了大量的人才过去,业务方面大家也都相互支持。

抵制不良风气,狠抓纪检工作

纪检工作当时是由我负责的。从重组交行的初期来讲,最主要的一个问题就是地方上普遍希望尽早建立银行,尽快开业经营,下面到总管理处来的人,有好多向总管理处相关人员送东西的。从当时社会的情况来看,这种现象不是一天两天形成的,各个单位也不是孤立的。为了这个问题,我当时也觉得很烦心。我记得我快退休的时候,到北京办事处去,北京办事处的一个负责人还把这一类事当笑话和我讲,我听了以后刺耳得不得了,没有话好讲,非常难受的一件事。

后来就这个问题我们和一把手,就是李祥瑞同志,还专门交换过意见。李祥瑞同志他自身在这方面要求非常严格,什么工作都是以身作则。我就和他商量,我说这个事怎么办?我们两个人都觉得这是一个很不好的现象,尽管当时确实也没有好的办法完全杜绝,但要做到尽量避免。

那段时期里,我们就采取严格措施,个人都不收,都交公。交公后,这些东西怎么处理呢?年终开会议、开文艺晚会什么的,都发奖发了,我们个人都不拿的。这也算不是办法的办法。

李祥瑞

寄 语 交 行

现在交通银行发展得很好,我非常高兴,我希望我们现在工作的同志能够勇往直前吧。

过去也有一些经验,这些老的经验在新的情况下,有的也可能派用处,可以在新的情况下再进一步发展,搞得更好一些。我经常看"行报",我和老干部处的同志讲,我说你们看过了以后就给我看一看。那个"行报"两个礼拜出一期,我看了以后也觉得非常好,他们就一沓一沓给我。我看到董事长牛锡明同志的一些讲话,非常有开拓精神。交行今后的发展,将会更可观。

2017年,交行重组30周年了,回顾一下过去发展和成长的情况,真的很高兴。衷心祝愿咱们交通银行取得更好的成绩。

刘育长
交通银行原副行长、原常务董事

我是1962年9月到建设银行上海市分行参加工作的,一待就是30年。1992年6月,时任上海市副市长庄晓天同志找到我,他说要筹建上海浦东发展银行,我也是老同志了,是不是能一起来参加筹建?我就问他了,这是组织决定,还是私下商量?他说不是组织决定的。那我当时就回答他,工作调动要请示上级,我不能随便答应的。回去后,我当即请示建设银行总行,总行给我的回答很简单:"安心工作!"就这么四个字。

第二个月,也就是1992年7月,建设银行总行的领导就找我到北京去。到了北京以后,他们就给我说,经过建设银行总行和交通银行总行双方协商,决定调我到交通银行工作。我说:"这是组织决定吧?"他说:"是组织决定的,不是商量的事情。"

刚才也说了,我在建设银行上海市分行已经工作了30年了,一次谈话,5分钟,马上要调到另一个单位,思想上缺乏准备,但既然组织已经决定了,我当然就要服从。就是这么一个机遇,我来到了交通银行。

交通银行那个时候重新组建才5年,干部比较缺少。建设银行呢,四大专业银行嘛,老单位了,干部比较多。另外交通银行重新组建后不是说要搞综合化吗?实际上我们建设银行从改革开放以后,就在尝试综合化了。当时我们是多做少说,只要监管部门不反对的业务,我们就做,但不多宣传,毕竟当时的政策口子还没有完全打开,这样做有利于业务的发展。交通银行的综合化和我们之前建设银行的综合化也是有所不同的,交通银行的综合化业务范围更广了,几乎覆盖了整个经济领域,囊括了社会的各个方面,但刚起步,困难很多。

小局服从大局,贯彻改革要求

着眼长远发展,统一法人体制

交通银行重新组建后,采用了多级法人体制。当时情况下,多级法人体制也是有好处的,地方政府可以多支持一点。因为多级法人体制的股东一般是当地政府和当地企业,他们会比较支持当地交行业务开展。

从企业经营角度来讲,银行工作压力很大,大家都希望给自己的股东创造更好的效益,因为每年都要分红嘛,所以一般倾向于做一些周期比较短,见效比较快的项目,就是"短平快"。这样一来,第二年的分配就有资金来源了。分红多了,股东们就高兴了,那人家对银行的支持也大了。

但是从银行角度来讲,多级法人体制是不能长久的,这是个短期行为。如果银行长期从事这种短期行为,长期做"短平快"业务,基础不牢固,对交通银行的长远发展是绝对没有好处的。

我当时来到交通银行上海分行,看到这种状况,是有些担心的,这样做肯定不行。所以我一直要求大家,一定要有个全局的观念,大局的观念,要为交通银行长远的发展打基础。那些关于国计民生的重大项目,我们要积极参与进去,要挤进去。"短平快"也可以搞点,但不能太多。当时要扭转部分人原有的想法,是有些困难的,但如果不予以纠正,基础越做越差,肯定不利于交行的长久发展。

干部管理也是个难题。因为我当时在交通银行上海分行工作,上海分行管辖13个分支行,而且是跨地区管理,浙江6个,江苏5个,上海本地2个。13个分支行都是多级法人,那么在干部管理上就有点麻烦,因为当时党的关系是在地方,按照党管干部的原则,当地不发表意见那是不可能的,但地方有地方的考虑,我们有我们的考虑,所以为调整班子,我们经常发生争论。

譬如说,我们交通银行希望业务有一个稳定、健康的发展,希望有多一点懂业务的人到我们交通银行来工作,但地方政府不完全是这么想的。比如"四套班子"要退下来的一些人,就希望安排到交通银行来。现在有资格审查,那时候没有这种规定,都是商量办事。所以就这样讨价还价,反复商量。毕竟我们银行是要开展业务的,地方安排进来的非金融人员不能太多,否则对发展不利。

这就是我们做银行的人跟当地组织部门有分歧的地方,只能平心静气地来商量,我们把道理说清楚了,人家慢慢地也就适应了,但这样的干部管理模式占用了我大量的时间。原来在建行,我再辛苦,把上海市分行的工作做好就行了。到了交通银行就不一样了,分管的这13个分支行多级法人有相对的独立性,当地的政府都要发表意见,要说服大家服从大局,要有整体观念,又要每年分红,确实困难不少。

所以说从建设银行调来交通银行,业务发展上,两大行要求差不多,但在这方面,交通银行比建设银行艰难得多。

所以说，一级法人体制是发展的必然趋势，不可能永远是多级法人体制。刚开始的时候，要得到当地政府和企业的支持，多级法人体制过渡一下，这是可以的，对于当地业务发展应该也是有利的。但是我刚才也说了，对于长远来说，这是不行的。所以后来的统一法人改革我觉得是非常必要的，从个人角度来讲，我是全力支持的。

一级法人体制对交通银行肯定是有好处的。好处很多，统一法人后，小局服从大局，帮助大家树立全局的观念，为交通银行的长远发展打下一个坚实的基础，这都是很重要的。我们多搞一些国计民生的项目、对全局有好处的项目，对交通银行今后的长远健康发展，一定是有帮助的，否则基础不牢，摇摇晃晃，那肯定不行。

这些好处用不着多讲，大家都明白。但是统一法人的过程中还有个阵痛的问题，改革肯定有阵痛啊。对经济欠发达地区的分支机构而言，他们是双手赞成，不是一个手，是两个手，双手赞成。当时那里业务相对难做，效益较差，分红也低，当地政府、企业都有意见，日子不好过啊，统一法人后同股同利，当然高兴。

但是对经济发达地区的分支机构来讲，包括上海、江苏、浙江在内，统一法人之后，他们的分红就明显下降了。因为全国一个法人，要统一来计算你每股的红利是多少，所以分红肯定是大幅减少的。这一来，影响就大了，有的股东就退股了。但是我们心里有数，要进来的人比你要退出的人多得多，你退就退嘛，坚持自愿原则。

当时的分红有多高？我举个例子。就说上海分行，我过来之后第一年，它的分红比例高达 57.2%。就是你 1 块钱放在我这里，明年分给你 5 毛 7 分 2 厘，你这个 1 块钱还在。很难想象吧，现在哪有这么高的分红？但账上反映出来的就是这个情况，那只能分给人家。所以当时我跟股东商量，我就说整数 50% 分给你们，零头 7.2% 就留在银行吧。7.2% 的零头按交行当时的利润算下来也不是个小数目了。我的理由很简单，那时候我们的网点大多是租的，租金成本这么高怎么行呢？你给我留点钱，不是分给职工,而是用来买网点。那么大家也都可以理解,买点网点,固定资产总得有吧,没有固定资产,你这个银行怎么办得下去?就这样留下一点资金用于购买网点。

所以经济发达地区的那些分行当时这样的状况,要统一法人,肯定是有想法的,原来多级法人体制不是挺好么,为什么要统一法人?所以从全国角度来讲,在统一法人这件事上,有赞成的,也有反对的。但最终是小局服从大局,把这个事情解决了,内部、外部达成一致。最后完成法人统一是在1994年,这个决策真的是为交通银行打下一个非常坚实的基础,否则交通银行绝对没有今天这个局面。

严格执行政策,忍痛分业经营

银行是混业经营,还是分业经营,这是国际上不知道多少年都争论不休的问题,不光是我们国内有争论,全世界都有争论。我觉得,到底是分业还是混业,要根据自己的国情来考虑。既然我们国家当时认定要搞分业经营,那作为交通银行来讲,肯定是要小局服从大局。国家政策已定,中央派专人到交通银行来指导我们把这件事情完成,作为下级组织,肯定要服从上级,虽然当时来讲,心里面确实是有点舍不得。

当时海通和太保要移交给上海市政府,交通银行也只能服从。交通银行经营海通和太保这么长时间,总是希望有点赢利,不能光是股金拿回来就算了,要对大家负责,要对那么多股东负责。因为当时海通

关于交通银行与太保、海通脱钩转让工作的报告

和太保的赢利也较高,要按照这个赢利来算,那地方政府接受不了,最后只能来个折中,服从全局。就这样子把海通和太保移交给上海市政府。

慢慢地往后发展,情况又有了变化,我们再重新开始,再一点点来,一直到现在这个局面,实际上又恢复了混业经营。但不可以用今天的眼光来看当年,要根据当时的历史背景来看当时的决策。

完成资产重组,助力引资上市

21世纪初的时候,大家觉得上市好像是个时髦的话题,你也讲上市,他也讲上市,但究竟怎么上市,大家都没有经验。就算监管部门审批,也要有个实践的经验,但当时都没有。所以交行就受中央的委托,成为一块试验田。中央推进改革先要选试点,选太大的银行难度太大,选太小的银行又没有意义,交通银行不大不小,正好,所以交通银行承担了这个历史的任务,成功地为银行上市探明了道路。

这条路讲起来是六个字,就是交通银行著名的改革三部曲:重组、引资、上市。这三部曲六个字看上去很简单,但每一步都是非常艰难的。没人走过的路,其实就是没有路,要一路披荆斩棘,把路开出来,当有路可走了,那人家走起来就方便很多了。这样子大家都知道,今后上市,肯定先要重组,然后要去谈判引资,最后上级部门才能让你上市。

这个三部曲,首先是重组。重组主要是风险这一块的任务比较繁重。我当初在业务上主要就是分管授信和风险两块,所以我印象很深,反复思考的一个问题主要就是重组。重组是基础,重组以后才能引资。不是说随便拉一个人,你来参加、来投资。他也要看,他觉得有利可图才会来的,特别是外国银行。所以在这种情况下,从我分管业务的角度来讲,我觉得压力最大的就是重组这一块。其他两块,引资和上市也非常艰难,有另外的领导在分管。

由于内外因素长期一点点积累下来,不良资产的总量还是比较大的。我印象最深的事情就是做方案,因为不良资产要转让给资产公司,资产公司也不是那么好说话的,不管好坏统统给他,他就把钱给我,就完成了,没这么好的事啊。资产公司也要评估,也要反复地审查,双方认为合理了,你再转过去。所以当时为了做这个方案,大家非常辛苦。

这个方案不是一次就能通过的,做了好多次。我们做出来的方案,上面领导看了说不行,再重新做,两次,三次,做了起码有十次八次。内部通过以后,还要与资产管理公司谈判。资产管理公司要接收你的不良资产,他一定也要想办法把它处置掉,他的钱也不是随便就拿出来的。

交通银行重组工作计划初稿

重组从 2002 年开始的,一直谈到 2004 年,谈了两年,大致上形成了一个框架性意见。正好 2004 年我们交通银行班子调整,我就把这块工作移交给彭纯副行长的团队。彭纯现在是行长了。所以最终完成谈判,是在彭纯手上。整个重组、引资、上市三部曲历时多年,集聚全行智慧,才最终完成。

可以说,交通银行为其他银行提供了一个借鉴吧,说别的银行一定都百分之百按照交通银行的路子走,那是绝对不可能的,各个银行情况不一样,规模有大有小,业务发展有快有慢,效益有好有差,不可能大家都是一样的。说我们交通银行一定比人家什么都好,那也不见得,人家有比我们好的地方,我们还是要向人家学习的,人家不足的地方,我们要尽量吸取教训,要尽力避免类似问题。我们国家这么多银行,相互之间要取长补短。

寄 语 交 行

光绪三十三年清邮传部铸颁的交通银行铜制图记

如果从1908年老交通银行算起,交通银行已经建立将近110年了。如果从1987年重新组建正式营业算起,到2017年也已经30年了,这30年是很艰难的,也挺不容易,总算这个路也走过来了。到今天,能有83 000亿元这么一个规模,不敢说很大,至少也是中等以上了,在世界上排名也是靠前的了。

现在整个国家发展很快,进入高科技时代,银行业务也要顺应发展,用老眼光来做事,那绝对干不下去了。现在大量新兴的金融机构雨后春笋一样冒出来,越来越多,但是我们金融行业的蛋糕就这么一块,所有人都来争这块蛋糕。我们要守住自己的阵地,然后还要继续发展,这对任何一届领导班子来讲,肯定是一个非常艰难的任务。但是这也是好事,竞争激烈就说明这个国家有前途,有发展。金融业作为国家经济发展的基础,金融发展得快,国家经济就发展得快。

我觉得现在我们党委的领导是坚强有力的,能够带领全行上下,大家同心同德,这很不容易。我希望全行在党委的领导下,要继续发扬艰苦奋斗的精神,还要有创新思维,一定要有创新,否则你跟不上现代科技发展的步伐。现在中央不是也批准我们交通银行进一步改革的方案了吗?党委给我们老同志介绍过,方案挺不错的,按这个路子走下去,我觉得我们会有美好的前途。

林中杰
交通银行原副董事长

　　我是1994年2月从农业银行总行到交通银行来的。我之前是在农行上海市分行当行长,后来调去北京,担任农业银行总行的副行长。当时我就不太愿意,还是想在上海工作,去了五年以后,还是想回上海。正好当时交行需要人,我就打了一份报告给朱镕基,朱镕基当时是国务院副总理兼人民银行行长,所以行长调动是要经过他批准的。经他批准,我就调回上海,到了交行。

　　因为当时潘其昌是交行的副董事长兼太平洋保险公司总经理,他提为董事长后,太保这儿就没有人了,所以就安排我到太保担任总经理。另外,我在农行是第二副行长,就安排一个副董事长的位置给我。那么我就担任了交行副董事长兼太保的总经理。

来了之后,我没有到交行行领导的办公室,而是直接去了太保。因为我没有直接在交行工作过,我来就是开董事会,其他情况一般不过来,都在太保那边,所以我接触最多的应该就是太保。我看了两本厚厚的交行行史方面的书,太保专门有几页。写得很好,但可能还不太全面,有些事情还不太突出。所以我也借这个机会补充几点。

创立太保公司,引领行业发展

原来交行里面有一个保险代理部,它实际上就是一个保险机构。后来成立太平洋保险公司,所有的领导、保险人员都是交行调过去的。成立之后,机构发展也比较快,很快我们就成为全国第二大保险公司了。机构发展了,业务发展了,而且业务量也比一般保险公司大。

我们当时发展保险有个很大的优势,就是我们是以交行的业务为基础。你到交行办业务,那你就到我太保办保险,你要贷款,你就要办保险,那就到太保来办,所以这么一来,太保的业务也发展得比较快。当时平安想超越我们没有成功,主要就是我们有交行作为依靠。

这成为发展保险当中一个经验。你看现在几乎所有银行都办保险,不管建行、工行、农行,实际上就是交行的经验。他们现在办保险,也都是利用银行这个机构,利用银行这个业务,利用银行这些人办的,所以发展得也都比较快。

所以说交行办保险业务是个创举,是有示范意义的,对今天的保险业带来很大的影响,意义很大,这一点我们必须认识到。

太保改制扩容,实现社会募股

更重要的是我们太保的改制。这个之前的书里面都没有展开写,就写了一个扩大10亿元资本金,本来10亿元,后来给了20亿元。实际上,人民银行批我们这个10亿元资金扩容,在体制上是一个很大的改革,我们向社会募股,当时是很不容易的。当时股份制金融机构像这么扩股是不太有的,所以当时还没有这方面的经验。我为了扩大这个10亿元资金,跑了几十次人民银行。其实当时戴相龙已经当了人民银行行长,但一下子也解决不了。后来通过好多程序,反复讨论,最后批下来的。

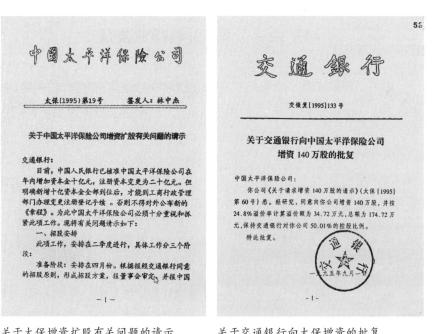

关于太保增资扩股有关问题的请示　　关于交通银行向太保增资的批复

改制以后,我们太保发展就更加快了,因为有股东的参与,有股东的支持。当时搞保险就是我们一家搞得比较大。"太平洋保险保太平"这句宣传语,当时知晓度非常高,可以说是家喻户晓,现在大家还都记得。发展的同时我们把体制也改了。当时交行的体制,以市为单位,好比说上海分行、杭州分行,没有浙江省分行,我们改制以后,所有太保分公司都以省为单位,改省公司。这个太保比交行早。我们股份制改制打了一个报告以后,经人民银行批准,就把我们几个太保公司改为省公司,我们在省一级,我们部分分公司级别还比交行分行高。

谨慎大胆经营,联合承保卫星

还有一个,我们敢办大的业务。很多资料里都会提到我们太保"保卫星"这件事。这确实是太保发展中的一个重大事件,不是一般的事件。为什么说是重大事件?因为保了卫星,结果卫星从天上掉下来了,不知道大家记得不记得?这一次卫星发射,我们保的是外国的一个客户,而且是第一次向全世界直播,就是这次发射,结果掉下来了,损失了十多亿元。就是说这笔保险我们要赔十多亿元,我们股本只有十亿元资金,香港报纸都说太保要破产了。

但是因为我们业务做得比较实在,当时我们自己觉得实力不够。我们里面有一个副总经理,叫邵党娣,她过去在国际上接触比较多。她讲如果我们太保要真正做成比较有规模的保险公司,要敢做这个业务,但是我们还是要非常谨慎而且是非常小心地做,要根据自己的实力做。所以我们转包出去,找了一个比较好的保险公司,都转包出去,把承保的大部分都转到国际上各大保险公司了。实际上只有3%左右是自己留下的,其他都转出去了。

我们的指导思想不是想赚保这个卫星的钱,我们要通过这个项目把太保的声誉建立起来。所以后来这个十多亿元的保险赔偿大多是国际上其他保险公司分别承担的,我们只赔了3 000多万元。但是我们广告的效益大大超过3 000多万元,当时几乎所有报纸、电台都报道了这件事,因为这个爆炸是在电视直播上爆炸的,我们都看了,当场爆炸的,发出去就爆炸了,所以这个影响很大的。这个事件轰动了全国,也轰动了世界,你们这么小的保险公司敢去保这颗卫星,而且还没有破产,这样子太平洋公司的品牌就打响了,所以我们后来业务发展得就很快。

爆炸以后第二次发射,我们又保了。我亲自到西昌,坐在那儿看了卫星发射的,那真是惊心动魄,因为发射不上去,那我们就要赔十几亿元。后来人民银行也说,太保敢做这个业务也真不容易,人保不敢做,平安不敢做,就我们太保敢做。

所以之后发射卫星叫我们牵头的保险业务就很多,我们也一直保的。不过后来其他的保险公司也参与进来了,主要是联合承保的,之前都是我们承保出去的。

脱钩独立经营,规模稳步提升

分业经营是国务院在改革当中提出来的,商业银行不能够办保险、不能够办证券。有了这个指导思想以后,后面的工作就比较困难了。我们交行对这件事情,思想上开始是不太接受的。实事求是讲,交行当时建这个保险公司花了很大力气,而且它就是商业银行综合经营改革的一个成果,还是比较大的成果,因为两个公司,一个太保,一个海通,都办得不错,所以要把这两个公司划出去是很可惜的。但是国务院已经决定了,那我们也只好服从,下级服从上级。所以政策实施了以后,就这么分出去了。如果现在这两个公司都在交行,交行的规模就相当大了。

从我个人的角度讲,交行重组

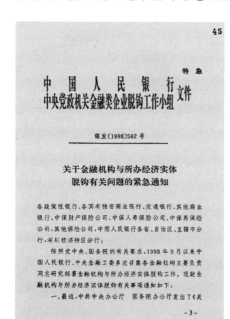

人民银行关于金融机构与所办经济实体脱钩有关问题的紧急通知

以来这段历史，我只经历了其中很短的一段，从1994年入职到2001年退休，就这么一段，当中四年左右时间都是在太保当总经理，其他时间我又借调去了人民银行总行。所以我对太保的感情最深，太保划出去，我也感到非常非常可惜。

太保分出去后，业务发展也比较快，经营得也相当不错，因为市政府在这方面也下了很大的功夫，在体制方面也做了一些改革。太保的管理也不错，方针也比较对。现在太保资产已经达到10 000亿元了，在世界上的排名也已经大大提升了，而且在全国好多分支机构都进了先进行列。现在太保在全国、全世界都是500强之一，将来应该还能得到比较大的发展。

太保每年活动还请我参加，那天参加他们春节团拜会，我鼓励他们说："还要坚持你们的路线，你们还是要走正宗的路线，不搞歪路子，最近有些保险公司参与在股票里面，你们就没有参与，没有乱投资。你们这个经营的思路很好，它在保监会影响还是比较好的，不要搞歪路子。"

现在交行成立交银康联，规模还是很小的。从我现在的角度观察，交行还是要在加强服务方面多动脑筋，在报纸上还是要多宣传宣传我们的服务内容，多到基层去，还是要多为群众服务，所有保险项目的设计都从服务上着手。因为我在农行也管业务管计划，从我们过去业务各方面来看，面对的竞争还是很激烈的。

顾树桢
交通银行原筹备组组长、
原常务董事

适应发展需要，筹建新式银行

1984年的时候，国务院召开了一个经济发展研讨会。会议后不久，在各地也相继开了经济发展战略研讨会，上海也开了。上海那次会议出席的人有经济专家，有各个部门的领导，好几百个。就是在上海这个会议上，有位经济学家，现在已经过世了，叫徐雪寒，他提出来，要发展经济必须要有银行。他就讲到，1949年以前，上海是远东一个很重要的城市，大大小小的银行，外资银行、中国本国的银行，都在上海开设机构。现在上海要发展，必须要有银行。他这个观点，在会上就得到很多人的赞同，大家就针对这个提议进行讨论。

会议快要结束的时候，中央的负责同志也来了，有领导就提出，上海本来就是银行集中的地方，现在总行没有一个在上海，都搬到北京去了，北京是政治中心，上海是经济中心，为什么都搬过去呢？后来讲了一句："要搬回来。"当时他对中国银行的同志讲了，中国银行的同志说："你现在让搬回来上海,我们有3 000多人呢,怎么搬?"后来大家讨论,还是应当另外再组织一个银行。国务院副总理姚依林后来也来了。

会后不久,就成立了筹备小组,派了市委常委阮崇武来领导,当时我也参加了。另外还有陈恒平、人民银行的龚浩成、财政局的余瑾。那么新的银行怎么组织?怎么弄?一开始主要就是我们这些人在考虑。

筹备小组合影(从左至右依次为余瑾、顾树桢、陈恒平、龚浩成)

那个时候,我已经从财政局调到了市政府,担任副秘书长。当时,关于当前的银行是否还能适应上海经济的发展,究竟要不要成立新的银行,各方面意见很多。市政府就召集了中国银行、建设银行、农业银行、工商银行这几家银行上海分行的领导开了一个研讨会,想听听他们的意见。在会上,大家都担心整个金融秩序会被打乱。后来又召开了第二次研讨会,召集一批老的经济学家来讨论。说起现在想要成立一家新的银行,所有的人都赞成,大家认为现在的银行不是"银行",只是一个出纳机构。最后又找了一些从事金融、银行理论研究的专家进行讨论,大家也认为经济发展是需要一个新的银行的,现在这种银行不行。

那新银行要弄成什么样呢?当时准备建设新型银行的时候,也有个想法,取名字叫"振兴发展银行"。为什么呢?因为当时组织上要成立一个新型银行,用现在的话说,就是要"体验一新",所以提出过"振兴银行"等名字。后来觉得银行是需要历史沉淀和信誉的。我们参考一些旧的银行体制,原来上海的银行就是"中、中、交、农"四大银行,现在交通银行的这个牌子还在,挂在北京的人民银行里面,除了香港的交通银行以外,业务都停顿了。当时我们觉得把这块牌子搬回来,要简单很多,其他的一切手续都没有,所以还是用老名字——"交通银行"好,也比较方便。这个银行将来还要开到香港去,那么现在香港交通银行还在,以后直接和上海的这个银行对接上就可以了。

那么交通银行到香港去以后,到底是方便还是不方便呢?后来我们就到香港去考察,当时香港所有的中资银行归中资银行集团。我们以上海市委的名义去和他们讨论这个问题,第一次去就碰了个壁!为什么呢?对方认为中银集团就相当于现在国际上说的银行的一个载体,我们现在来是拆走他中银集团一个产品。今天交通银行要拿去,明天国际加盟也要拿去,那他这个载体就做不下去了。总之发了一通牢骚。

但牢骚归牢骚,后来我们还是深入地探讨了一下,他们对我们重新组建交通银行的事,还是鼓励的,但他们也说了,你们这样把香港交通银行拆走,恐怕要影响整个中资银行的信誉,这是对中国很不利的一件事情。所以最后,我考虑下来,说:"我们也不是要去拆散你中银集团,在香港的中资银行还是中银集团的,我们也承认你这个中银集团,但是你应当要承认,香港的交通银行是我们交通银行总管理处派过来的,我们跟他算'父子'关系。其他的业务方面,因为我们也刚刚成立,香港的交通银行我们也没办法管理,但是交通银行总管理处跟香港的交通银行那个'父子'关系先要明确。"台湾也有一个交通银行,这个比较敏感,当时我们也请示了上面,上面也很支持。

讨论的时候还有人提出原来老的交通银行有没有欠外债。那么我们去查证,查来查去只欠了日本西原债券这样一笔借款。我们请示过后,说日本是战败国,我们免除了他的资金赔偿,债券也不用还了。经过了上面这些讨论,最终确认了采用"交通银行"这个名字。

各方态度不一，交行艰难开业

交通银行筹备工作做得差不多了，我就到中央各个经济部门去通报一声，一家一家去拜访这几个银行，拜访下来，这几个银行几乎没有一个赞成的。特别是中国银行，总行的负责人也没有来见我们，就派了一个研究生来，那个研究生很没有礼貌，他说："如果你们要成立，我可以去法院告你们。"那么大家就吵了一顿，我说："这个是中央决定的，看你们有什么办法。"到工商银行去，工商银行也发了一通牢骚，说你明明要打击我们。又到建设银行去，建设银行以前是属于财政局的，因为我之前在财政局待过，所以他们对我还比较客气，建设银行表示，他们还是好商量的，一下子就说好了。再到农业银行去，农业银行表示他们不介意的。当时计划委员会也去了，他们很感兴趣，说以后再谈些意见，所以我们后来又去了计委一趟。这样基本上各个部门走了一遍，他们反对归反对，中央决定了以后，谁也改变不了的。在这样的一个情况下，交通银行重新组建起来了！

向人民银行总行汇报的时候，他们也听到前面所说的下面的这些意见，觉得还是老的方式比较稳健，说已经分配好一块一块的业务，怎么交

中国人民银行1987年3月14日颁发的经营金融业务许可证

行一来就打乱了？我们听了以后都不答应。

讲着讲着，应当怎么决定？究竟是一个什么样的业务方向？怎么开业法？开业之前没有一个说法。所以我们觉得先不去管它，开了以后再讲，一般的银行大客户也好，小客户也好，零零散散的客户也好，都是可以办理业务的，就是在这样的情况下开始发展。刚刚开始的时候，这样也不好，那样也不好，试营业人也来了，我也跑开了，由他们弄去，后来实践下去，慢慢地大家也就接受了。

我在中央银行的几个老行长面前汇报的时候，我讲我们有外债业务，有国外的业务，有长期的，也有短期的，都说现在的银行不叫"银行"，要有开发产品的能力，在外在内都要做，什么业务都做。我把我们的章程，把过去交通银行的章程，收集起来。人民银行里面也派了一个老行长，专门跟我们一条一条地研究，他们是赞成的。当时我们还遗漏了一项保险业务，他说："你们保险业务干吗不放在里面？"我说："我们讨论的时候有的。"他现场就给我们加进去，保险业务可以做，不是金融业的也都可以做。

中国人民银行关于贯彻执行国务院《关于重新组建交通银行的通知》的通知

开业以后,我印象比较深的是退票。那段时间各式各样退票的事情很多,大家也都有意见,什么理由也没有,就是退票!这个事情后来也是慢慢地靠人民银行总行来做工作解决的。市政府也很关心我们,把我们几个负责人召集在一起,我问他们:"现在交通银行开业了,你们听到了什么吗?"市政府领导就讲,来告状的不少,但是总的一点来说,态度都比以前好了。

资本金受限制,暂行多级法人

当时要成立交通银行,资本金方面也遇到了一点问题。我们去财政部谈了,我说现在要开办起来需要5 000万元,他们说5 000万元可以帮我们开掉,这些都是比较方便的。后来又问他们资本金能给多少,他们说只有10亿元。那是远远不够的。人民银行总行的副行长刘鸿儒就和我们一起参与研究。他就提出要建立多级法人体制。

自从发展战略研讨会开过之后,上海要成立银行,国内很多地方也总想成立银行,大家都要成立地方银行,那样子人民银行没办法控制,也没有能力监控,担心这么一来有的地方银行会钻空子乱来,造成金融危机。刘鸿儒当时就是想到西德意志州银行也是多级法人体制管理的,觉得挺好,所以就主张地方出一部分资金,中央出一部分资金,两部分拼起来。比如说地方出50万元,中央也出50万元,拼起来,这样一来就使得地方银行不至于乱来。

这个问题讨论了很久,还请了几个银行方面的专家共同参与讨论,大家好像没有听过这个说法,也没有听过什么"多级法人"。因为印象中没有银行是这样做的。一些比较有资格的银行家总觉得不太可行。但当时我们听了觉得蛮好,你下面去开银行,用我的招牌开,开了以后,出了问题,自己负责,我们觉得多级法人体制也挺好。

这样子资本金地方出一点,我们总行再加一点,就是这样。比如你要1亿元,你出5 000万元,我再出5 000万元。用了这个形式之后,好多地方都要来参与,大家都希望有个银行,因为这个银行也是股东自己的。

但是长远来讲,多级法人体制不利于银行的发展,这是事实。后来在中央要求统一法人制的时候,我们专门考察了西德意志州银行的情况,看看他们的多级法人体制到底是什么样子的。考察下来确实多级法人体制是银行的一个过渡阶段,考察的时候,他们银行已经没有多级法人体制了。回来后我们就召开董事会,把多级法人体制给取消了。

寄 语 交 行

从交通银行重新组建到现在,交通银行的业务发展很快,本来我们只有几十亿元的资金,现在不同了。现在中国的经济这么发达,银行起了很大的作用,这一点是毋庸置疑的。那么从交通银行来看,现在跟重组的时候情况大不相同了,希望以后还有更好的发展,也希望通过交行自身的发展进一步推动国家整体经济兴旺发达。

尹宝玉
交通银行原常务董事、国外业务部原总经理

中央政策支持,冲破体制束缚

  1986年我去武汉参加金融体制改革会议,王爱身同志正好和我分在一个房间。那时候她正在筹备交通银行各个部门,国外业务部还缺一个总经理,经她介绍,1988年我就来到了交行。

  我觉得我们交通银行重组初期,并不是外界想象的那么困难。那个时候从上到下,包括小平同志,对交通银行都是非常支持的。交通银行重组后,就给交通银行定了很高的级别,跟四大国有银行是平级的,都是国务院的直属机构。所以国内和国外都知道这就是国家办的银行,我们的信誉是毫无问题的。

再比如国家对外发债，之前中国银行是对外发债的唯一窗口，但是中央让我们交通银行也去发债。我们交通银行成立才一年，我们就发债了，而且接二连三，有的是财政部委托的，有的是上海市政府委托的。这就可以看出，从当时体制的设计上，中央就给了我们交通银行打破垄断的这么一个机会。

从中央来说，我们是股份制的，中央出资10亿元人民币资本金。各地都有管理委员会，就是地方政府，他们也出资。当时要搞业务、搞项目的话，地方政府在几个项目中间把"肥"的那块切下来给我们交通银行。所以我们交行在重组初期，是得到中央和地方政府很多支持的。

另外，人民银行陈慕华行长非常支持我们，要把我们交行搞成一个充满改革精神的银行。她主要是为了打破四大专业银行的垄断。当时老百姓认为四大行门难进、脸难看、事难办。而我们交行就是要办成一个老百姓满意的、"三个一流"的银行。所谓"三个一流"首先是信誉，一流的银行信誉，这个中央就已经给了，剩下的两个就是一流的服务质量，一流的工作效率，这就靠我们自己了。

当时人民银行和各地政府在人才方面也非常支持我们。比如在上海就是强制性的，你工商银行必须分出来多少人到交通银行，建设银行必须分多少人，农业银行必须分多少人，中国银行必须分多少人。来的这些人，比如说我们当时的董事长李祥瑞，他是我们人民银行上海市分行的行长、党委书记，算是当时上海银行系统最有影响力的人；王爱身同志是工商银行上海市分行来的，她是党委书记，也是一把手；沈润璋同志也是人民银行派来的。可以说当时派来的都是精兵强将，银行来的他们有经验，有客户资源，市委办来的他们有政府资源，有管理经验，有人脉关系。所以说当时从中央到地方，方方面面对交行都是非常支持的，就希望你搞出一个新的改革的银行来。

我们银行当时的经营范围也跟其他银行不一样，中国银行只能搞外汇，但是我们交通银行什么都可以搞，业务范围非常广。既可以搞外汇，也可以搞人民币;既可以在城市里面,也可以在农村。不是说国家这个限制,那个限制,当时几乎就没有限制,放手让你干,所以这样一个银行,做得好做不好,就是你的能力跟得上跟不上的问题。

当时来的那些干部都是手上有资源、有经验的,而且满腔热情搞改革,就想冲破四大银行的框架。

交通银行开展有奖储蓄摇奖

所以当时的交通银行就像一条鲶鱼一样,在鱼池里钻来钻去,把所有的束缚都打破了。

当时是短缺经济,电视机票、缝纫机票都很紧缺,但是地方政府支持我们,给我们电视机票、缝纫机票,什么什么票的。我们拿了这个票证就可以搞有奖储蓄了,你到我们交行办储蓄,办国际结算,我们就可以给你多少票,那群众还是很欢迎的。拿了这个票就可以买电视机,买缝纫机,买自行车了,所以老百姓非常支持我们。

在这样的背景下,我感到交行方方面面都是比较顺的。因为中央就是用制度设计来使得交通银行可以冲破四大专业银行旧体制的束缚,改变他们服务态度不好,效率不高的状态。

当时从工、农、中、建来的同志到了交行以后,学习"三个一流"精神,马上就接受这个思想了,在柜台上面对人态度特别好,效率特别高。通俗点讲,交通银行成了门好进,脸好看,事好办的银行,受到老百姓的欢迎。

另外,这跟我们交行制度设计也有关系。当时我们总管理处一共就六个部门,就是"五部一室"。分行有什么问题直接请示总管理处,总管理处一个个部门分工非常明确,立刻就帮助协调解决,总管理处办事效率高,服务态度好,分行也自然上行下效了。

交行在当时就是一个"成长股"。我们交行虽然是刚刚重新组建,但是它发展得非常快,第二年业务增长30%,后来50%,再后来70%、90%、100%,就是这样增长的。所以回想起那段时光,我感到真是火红的、激情四射的年代。

开拓境外业务,投身国际市场

设立境外分行,建设全球网络

当时我们行里的战略,就是要构建全球网络。我们设想先在纽约,再在伦敦,然后在东京设立分支机构,这样逐步建立这个全球的网络。我们当时还想在东南亚,像越南这些地方建设分行,因为我们交通银行以前在东南亚也是很有影响的。

我到交通银行以后,我们那个副总沈幼勤就开始筹备纽约分行了。先是代表处,然后升格为分行。升格为分行的时候,中国银行纽约分行就表示,交通银行资金方面如果有什么困难的话,他们可以帮助,客户他们可以介绍。整个过程我们很幸运,得到中国银行鼎力相助,办公地点也是他们帮我们找的。

当时纽约代表处升纽约分行为什么这么快?因为当时台湾的"交通银行"也在美国设立了分行,他是在西部。所以我们一定要抢在他前面在东部设立纽约分行,否则的话,一个纽约不能够有两个"交通银行"的。我们给人民银行打报告的时候,人民银行也认识到这一点,所以我们代表处没成立多久就升级为分行了。

当时纽约金融管理当局对我们交通银行尽职调查的时候问:"你们开在什么地方?你们为什么要开在这个街区?你们对纽约有什么贡献?"外资银行在我们国内设立代表处、设立分行我们没有这么问过。由于没有先例,所以我们都要用心考虑怎样去回答他。纽约设立代表处、设立分行也帮助我们积累了很多经验,后来在伦敦和东京设立分行都是比较顺利的。

交通银行伦敦分行所在大楼　　　　交通银行东京分行所在大楼

我们还到越南去考察过,最初觉得条件不太够。一方面我们交行当时在越南的业务很少。另一方面当地对外国人的政策也不是很有利,费用非常高,电费啊、通信费啊,都比当地人高出七倍九倍这样。另外他那个金融管理当局对我们中国去的银行也不是很支持。

另外,他们的条件也确实不太成熟。我们去的时候住在胡志明市的五星级宾馆。一进房间就看见墙上全都是壁虎,我晚上都不敢睡觉,感觉壁虎要爬到自己身上来了。街上汽车也很少,都是摩托车,就像黄蜂一样一群群地开过来。所以虽然越南我们是很早去考察的,但最后还是决定等以后条件成熟了再作考虑吧。

成功发行债券,提升国际市场知名度

当时中央和地方政府都想帮我们交行在国际市场上提高知名度,而提高知名度最好的方法就是发债。1988年7月我到交行，8月就碰到了发债的事情。不过具体的事情并不需要我们总管理处这几个人去做。我们主要的工作是决策，他们报的价我们接受不接受，我们要想办法让他们竞相报价，我们可以从中压价，就是这样一个过程。

我们有主干事，这个主干事的工作就是去拉各家证券公司来报价。我们还有个承办行，承办行去拉各家银行来给我们报价，我们发债完了以后，由承办行去各家收款，三天以后钱就到我们总管理处的账上了。当时是由我们香港交通银行作承办行，由日本的大和证券当主干事。

从技术上来说，我们总行并不难。难的是他们这些主干事和承办行。为了发债，驻京办、香港交通银行他们都比较忙，要联系人民银行报批，要财政部免税，还要到外交部去办签证，一连串的事情。至于大和证券那方面，日本那时候资金过剩，楼市、股市只涨不跌。日本东京天皇所在的那一块地就相当于整个法国的地价，股票的平均市盈率达到800倍。都已经到这种程度了。资金多得一塌糊涂，必须要给资金找到出路，所以大和证券非常有积极性，愿意做主干事，筹钱很容易，大家都钱太多，我们就是抓住了这么一个机会。

我们也没想到，我们交行才成立一年，我们发债的利率非常好，就是同业拆放，libor还要减去13个百分点。这在债券发行史上是空前的，因为毕竟我们交通银行才成立一年，但是人家给你评的信用很高，利率很优惠。

当时发债的目的就是为南浦大桥筹资，我们筹资完成以后，财政部看我们交通银行发债很成功，也委托我们发债。当时我们在国内的评级还比较低，但财政部还是选中了我们。所以我们就到新加坡发了第二次债，一共是7 000万美元，是浮动利率。我们发了债以后就把这个钱给了财政部。

到了1993年，上海市有个"九四项目"，又需要钱，我们又到新加坡去发了1亿美元的债券。但跟前两次不一样。第一次是香港交通银行当承办行，大和证券当主干事，第二次是大和证券当主干事，承办行变成兴业银行，当时是1992年，出于某些原因，好多国家都对我们进行制裁，兴业

南浦大桥

银行还是选择支持我们,所以第二次发债,兴业银行对我们帮助非常大。

1993年我们到新加坡发债的时候,因为我们之前两次发债都在新加坡,但都没有用他们当地的银行,所以新加坡管理当局有点想法。所以第三次发债的时候,我们就选了新加坡华侨银行,而且主干事和承办行全是

1993年交通银行第三次在新加坡发行债券

它,都让它一家干了。华侨银行对我们也非常友好,发债也非常成功。当时我们的债很抢手,好多个人都想要我们的债,而且拿了我们的债以后不卖出去。所以我们不仅信誉好,而且债也非常受欢迎。

经营外汇储备

经营外汇储备这件事情要感谢国家外汇管理局凌则提副局长。他当时到我们交通银行来就是让我们好好地经营国家外汇储备。他给了我们20亿美元,当时对我们交通银行来说,是一个天大的事情。一方面有资格经营国家外汇储备,海外那些银行就对我们另眼相看了;另外一方面说实在的,我们当时吸收的外汇存款真的不多。这笔外汇储备就变成我们的周转资金了,有20亿美元啊,当时国家外汇储备才多少啊,对吧?所以那个时候可以说是雪中送炭。

我们经营这笔外汇的都是些年轻人,都是兢兢业业、年轻有为。到年底的时候,我们竟然比中国银行还经营得好,比他们还多1厘。所以外管局很高兴,感到外汇放在我们这儿他能够放心,后来就这样一直经营下去。

另外,我们这个外汇储备和外汇业务当时有结售汇,结售汇还有一个外汇留成额度。当时我们就是把外汇结汇以后,把留成额度卖掉,卖掉之后,财政部是一个额度奖励1元钱,我们拿这个奖励作为我们总行主要的奖金来源,所以也是为交行稳定人心,稳定发展做了贡献。

坚持稳健经营,保障资金安全

果断清盘,逃离日本股灾

我1988年7月来交行的,8月就去发债了,发完债以后,就由我负责帮我们国外业务部招聘,招了一批大学生进来。当时国际业务这块,都没有时间给这些大学生做培训。在我来以前,我们的外汇资本金主要就是做日本股票,而我自己本身从没有做过日本股票。

当时日本股市是在上升期,从1986年的10000点上升到20000点,后来又上升到30000点。我来的时候就快要到30000点了。

我那时候对日本股票根本就一无所知,就从K线图、头肩顶、头肩底、横盘开始自学。自己抓紧学啊,因为沈副总要到纽约去,马上就要让我管这一摊了,我自己还不懂呢。而且我们外汇资本金一共就九千万美元,有六千万美元放在日本股票里面,所以自己必须去学习股票知识和收集情报。股票有一个顶部的问题,你一定要在顶部之前逃走,你还要有正确的判断,所以可以说对自己是高难度的要求。就好像走钢丝,你一个从来不会走钢丝的人,现在要让你在大家面前表演走钢丝,就是这样一个难度。

1989年4月,我在内参里面看到一篇文章说1990年日本股市将崩溃。由此引起我的警惕。我想它1990年就要崩溃,现在已经是4月份了吧,所以心里面是很寒的,每天都提心吊胆,每天都看着股市的走势,虽然我们买的股票涨多跌少,但是我的心是提在喉咙口的。

到了10月,我到北京去参加国庆游园活动,美林证券高级副总裁吴先生老远就看见我了,他说:"尹总尹总,我找你有事。"我说:"什么事啊?"他说:"我跟你讲,日本股市要崩溃了。"我说:"是吗?"他给我讲了一些理由,我说:"这样,你是不是能到上海来一趟?我安排你跟我们陈总(陈恒平)见个面,让陈总了解一些具体情况。"然后他就到上海来了,我安排他跟陈总在锦江饭店吃了顿饭,他就详细地讲了他的观点,说他回去以后在美林证券也准备动手了。

送走他以后,陈总就问我有什么意见,我说:"清盘吧,全部清盘吧。"陈总当即就指示:"通知交易室全部清盘,以后也不要再做了。"陈总这个决策很果断,以后都不要再做股票了,如果今天清盘了明天还做,那有什么意义呢,是吧?

于是我就向交易室下达了命令。当时我们那个处长寿福钢,他执行力很强,很快就全部清盘了。清盘后,11月、12月,日本股市还在狂涨,崩盘的这天是 12 月 29 日,一点点风险的迹象都没有,但开盘不久,到达 38597 点后,就直线下跌。所有的电话打出去都是"你要买吗?""你要买吗?"你要卖,没有人接手。仿佛所有交易的大门都关上了,幸亏我们那时已经逃走了,看着飞流直下的股市,能够作为一个旁观者,当时真的感到特别庆幸!

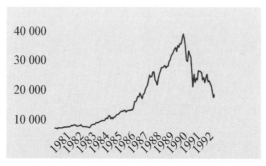

日本股市走势图

BCCI 倒闭事件

第二件事就是 BCCI(国际商业信贷银行),这家银行跟我们银行关系不大,但是它里面的人跟我们有关系。我们交易室有个首席交易员被 BCCI 用高薪拉去深圳,专门做对外拆放,就是到各家银行去借钱。他们在上海有个办事处,办事处的主任是我们交易室交易员的老师,一天到晚叫我们拆借给他。

1990 年的时候,我看到内参报道海湾局势非常紧张。当时交行给我们交易室配备了世界上最先进的咨询设备,一套路透,一套德勤,所以我们的信息非常畅通。美联储把阿拉伯银行的账户冻结的当天,一看到这个消息,我马上给陈总汇报,陈总让我们研究几条措施出来交给行里。

当时我们研究出三条措施。第一条就是通知各分支行,凡是阿拉伯银行一律不得拆借。第二条就是把他们在我们行里面的拆放额度全部取消。当时 BCCI 有 1 000 万额度,我们就"一笔勾销"了。第三条就是我们自己内部的交易员一律不得给他们拆借资金。

这三条措施交给陈总,陈总就在总行会议上通过了,通过后我们就坚决执行。在执行过程中,我们负责的那个交易员是个大学生,非常认真负责。他当时看到BCCI他们一个抄报件说我们深圳分行存在他那儿50万美元。深圳分行还瞒报,深圳分行不给我们抄送。交易员一看,不是已经取消了吗?怎么还在拆呀?好!马上就跟处长汇报。处长马上就找我,他说:"深圳分行这件事你看怎么办?"我马上就给深圳分行杜志岳行长打电话。我说:"我们这个文已经发了,你们这个分行怎么还有50万美元啊?"他说:"是吗?"我说:"你赶快采取措施,让他们赶紧把这50万美元拿回来,这是不允许的。"

过了一段时间,BCCI又来抄报,他们又拆出去50万美元。那我又打电话了,我说:"杜行长,这样不行啊,你必须采取措施啊,这样的人不能用啊。对总行隐瞒,连你杜行长也不知道,还是人家外国银行抄送给我们,幸好我们办事员特别认真,连抄件她都注意,要不然你忽略的话就完蛋了。"杜行长马上就采取措施,把这人开了,把这50万美元要回来了。

BCCI国际信贷银行一看深圳成不了事,就向上海来进攻。那时候他那办事处主任是我们那个交易员的老师,就给交易员打电话,说能不能借钱,有一天要借300万美元,利息可以比市场上多5厘。交易员就直接告诉他说不行,我们这儿的老总肯定通不过的。

他说就借一天,很狡猾,他借的那天是星期五,说是一天,到礼拜天,他们就宣布破产了,倒闭了。好险啊!这300万美元要是借出去了,到哪去要啊?

从这些事情可以看出来,上面的领导是非常重视的,下面的同志也是非常认真负责的,正因为我们上下一条心,才能避免BCCI倒闭事件带来的损失。

当时BCCI倒闭的影响也是很大的。人民银行让各行都上报有多少损失,几乎每家银行都有损失,有的行损失惨重,但是我们一分钱也没有损失,所以我们报的时候很轻松,我们填报跟他们没有任何余额。从这件事上,人民银行就觉得交通银行不简单。

后来人教部让我们写了一个简报,总结一下这次经验,然后他们提了一个奖励的方案。戴行长就在大家吃年夜饭的时候表彰我们国外业务部这几个人,还给每人发了800元奖金。

饮水思源,不忘交行引路人

我们交行重组初期,之所以有这么顺利的环境,我感到有些人是不能忘记的。

首先是人民银行行长陈慕华,她当时是坚决支持交通银行的。交通银行办什么事都是尽量放行的。我们要是跟工、农、中、建四大行他们有矛盾,她都会帮助协调,包括人民银行方面有什么问题,也是她来协调,总归是站在我们交行这一边的。她经常从北京到上海来实地指导我们的工作。我们交行之所以能这么顺利,跟人民银行陈慕华行长的支持是完全

1990年时任总经理戴相龙同志陪同全国人大常委会副委员长陈慕华视察交通银行

分不开的。

第二个人就是刘鸿儒,刘鸿儒是人民银行副行长。他当时是人民银行总行与交通银行之间的联络员,我们交行碰到任何困难他都马上向陈慕华行长汇报,陈慕华行长就去协调各个部委、各个行,所以刘鸿儒我们是不能够忘记的。

第三个人就是我们董事长、行长,已经去世的李祥瑞同志。李祥瑞同志当时提出"三个一流",使得全行思想高度统一,都统一到"三个一流"的思想基础之上,所以大家心很齐,工作很有效率,服务态度非常好,也创新了一些产品。

李行长为人非常朴素,他总是穿一身蓝卡其布的衣服,脚下就穿个布鞋,人也非常谦虚,完全不像一个副部级的干部。当时我们没有食堂,每天都带饭来,在锅炉房蒸一蒸,他跟我们都是一样的。

李行长来交行之前是人民银行上海市分行的行长,跟中央各部委不太熟悉。所以他就向中央提要求,希望能够派一个对中央各部委比较熟悉的同志,所以就来了戴相龙同志。

戴相龙是从农业银行来的,跟中央各部比较熟悉。他来了以后,我们交通银行跟中央各部委的关系是比以前大大改善了,他为我们交行也是做出重要贡献的。

接下来就是我的顶头上司——陈恒平。陈总为人非常小心谨慎,办什么事情他都考虑再三,到了决策的时候,他又非常果断。在刚才说的日本股票事件中表现得特别突出。后来1992年,美林证券的董事长访问交行,吴先生也陪来了,吃饭的时候大家聊天,说起日本股票。我们陈行长说我们当时也做日本股票,美林证券的董事长马上就说:"啊?你们做日本股票,你们输了多少钱?"就这样一个态度。我说:"我们没有损失啊。"他不相信。后来我就指着吴先生说:"我们真想感谢你们美林证券呢,就是你们吴先生谈了看法以后,我们陈总才决定全部清盘的。"

美林证券的董事长说:"啊?我怎么不知道?老吴,你这个意见是怎么回事?"吴先生说:"我当时说的话又没人听的,谁听我的话啊?"可见美林证券在日本股票上也栽了跟头。这就很说明问题了,我们陈总的决策能力更高一筹,对不对?

陈总那个时候管我们外汇业务,经常跟我说:"小尹啊,我和你两个人是坐在火山上,火山什么时候爆发谁都不知道啊。"在我们外汇业务做得紧张的时候,他每天晚上要吃两粒安眠药才能睡觉,否则睡不着。他总担心我们这些年轻人,因为都是大学生,从来没做过的,不知道要闯出什么滔天大祸来。当时交行的外汇很少,经不起折腾,一个大损失,交行马上就没有外汇资本金了。

再说一说我们潘董——潘其昌同志。他是委办过来的,这个人有闯劲,当时负责开办分支行,他敢打敢拼,到 1991 年的时候,我们交通银行就已经开了 90 个分支行,速度惊人啊!他这个干劲要付出多少艰辛,那是可想而知的。

另外,潘董在董事会我跟他共事时间比较长,确实他考虑问题非常周密,细致周到,对同事们有分歧的问题,他都能摆事实、讲道理,有很强的协调能力,使得大家意见都能够统一起来。所以说,他是一个细致周到,又有干劲,有魄力,有协调力的这么一个领导,对交行的发展做出了重要的贡献。

最后就是王爱身同志。王爱身同志是老革命了,跟李董一样艰苦朴素,工作也是不辞辛劳。我们在全国开 100 多个分支行,人事方面都是她安排的,非常辛苦,为我们交行立下了汗马功劳。

当然,还有好多老领导、老同志也给过我们交行很多帮助,前面提到的,是我在工作中接触比较多的,所以印象非常深刻。

寄 语 交 行

展望未来,国际政治金融形势错综复杂,充满了未知和不确定性,对于我们来说,最重要的是防范系统性的金融风险,始终把安全放在第一位。尤其是互联网金融的安全性问题,稍有不慎,就会造成意想不到的后果。因此,一定要在确保安全性的前提下创新。大的创新最好经过试点、试错的环节,在创新过程中不断防范风险。现在我们交行面临着比我们当时经历的更大的惊涛骇浪,更多的跨界竞争,更快的国际风云变幻的形势,我坚信大家一定会以前所未有的勇气、智慧、决心和担当,迎接前所未有的挑战,开创新时代交通银行新的辉煌。我祝愿交行的明天更美好,我也相信交行的明天一定会更加美好。

沈其龙
交通银行办公室原主任

筹备改革银行,参与组建工作

我于1986年1月2日从工商银行调到交通银行参加重组工作,当时重新组建交行的具体工作人员不多,就十多人,分成三个小组。第一组负责人事工作,就是招兵买马;第二组负责办公室与行政事务;第三组负责银行业务的筹备。我被分配到第三组,这组由于内容多、工作量大,配备两个负责人,一个是我,另一个是徐家渊同志。我们两人都从事银行工作多年,相对来讲对银行的各项业务比较熟悉。为了加快筹备进度,我们两人之间又作了分工,徐家渊负责计划信贷,我负责会计、出纳、储蓄业务。

按照人民银行要求,重新组建的交通银行应该是一家具有综合性业务的商业银行,是一家改革性的银行。因此我们制定各项业务的规章制度、核算办法,以及会计科目设定等,不能照搬照抄专业银行的一套,必须以综合性的商业银行要求来考虑问题。

经过一段时间的调查了解,向"老法师"、老专家请教,并借阅了人行和有关专业银行制度办法作为参考,我们着手编写各种适应交通银行特色的规章制度。例如在记账方法上,各专业银行采用收付记账法,而我行采用国际上银行通用的借贷记账法;在会计科目设置上,各专业银行按照各自专业要求,对科目设置分得很细,而我们是各种业务都可以办理的综合性银行,所以对会计科目做了归并,但又要不影响人民银行业务报表汇总;在核算方法上,有的专业银行对签发信用证、票据托收等或有资产、或有负债性质的业务列入表内科目核算,而我们将其作为表外科目处理。

通过一段时间的努力,会计基本制度、核算手续、储蓄业务制度、出纳业务制度以及财务制度基本形成,另外我们还对凭证、报表、账册、业务公章格式等进行设计。以上初稿形成后,通过多次讨论、修改,最后定稿,上报人民银行总行,经过人行有关专家评审、批准,同意实施。

在我们制定业务制度的同时,人事部门招收的人员也陆续到位。人员的来源主要有四个方面。一是在市财贸办的关心和帮助下,商调一批各专业银行从事业务工作的人员,作为交行的业务骨干。二是大中专院校的毕业生(多数是银行学校的应届毕业生)。三是少量来自企事业单位从事财务会计工作人员。四是从各专业银行退休人员中回聘的一些熟悉业务、银行工作经验丰富的老同志,作为顾问分配在各类业务岗位上进行指导和把关。上述四方面人员全部集中培训,学习交通银行规章制度,统一业务做法,在政治思想上要求新行员具有新面貌,勇于改革的精神,搞好本职工作。

在此期间,信贷人员也经过了培训,并联系了一批客户,营业厅也进

关于交通银行上海分行试营业的请示

行了装修,必要的设备已备齐,营运资金上级已经拨付,开业已万事俱备,只等待上级批准。数日后,人民银行总行副行长,兼管交行筹备工作的刘鸿儒同志来了解筹备进度。我们向刘行长做了汇报,并说,如果人行总行对交行对外业务的批文目前暂有难处,是否可以仿照工厂对新产品实行试生产的办法,我们交通银行是全新的银行,是不是也可以采取试营业的方式。刘行长听后表示同意。于是交行第一个业务网点(营业部)于1986年10月25日在上海江西中路200号挂牌开业,中华人民共和国成立后第一家办理综合业务的交通银行对外亮相。一个企业单位只能在一家银行开立一个结算账户的规定被打破,银行之间引入了竞争机制。据我所知,中外银行从没有采取过试营业的办法,试营业是交行的一项创举。

后来我们还以人行同意交行采取试营业为由,向财政部提出,要求同样参照工业企业试生产期间免税的优惠政策,希望交行及其下属机构在试营业期间同样享受免税待遇。经过商定,试营业期限定为一年,享受免税待遇。

采取多重措施,全力集聚资金

在交行重新组建之前,我国银行的体制形式是人民银行执行中央银行职能,全国所有银行业务,除个人储蓄业务外,按大类划分四块,由四家专业银行各管一方,各按专业办理银行业务。因此,交通银行重新组建后没有固定的业务领域和业务对象,只能在夹缝中求生存,十分艰难。尽管国务院与人民银行给交行提供了些有利条件,可以办理各项银行业务,企事业单位在各自的专业银行开户的同时,还可以在交行开立账户等,但在实践过程中还有很多不利因素。例如,企业要从专业银行提取部分存款到交行开户,

交通银行小额抵押贷款专柜

有的专业银行以贷款未还清为由,存款拒绝划转,有的企业怕存款转到交行,而交行因资金薄弱,企业得不到贷款而产生顾虑。又如企业产品生产,原材料采购在异地,资金需要通过异地往来结算,交行异地机构、网点少,虽然可以通过专业银行转汇,可中间环节增加,影响了资金周转,造成很多不便。在这样的环境下,交行要生存下来,需要存款支撑,要发展就要增加网点,所以大力吸收存款,集聚资金是交行工作的重中之重,为此交行采取多重措施。

对外广泛宣传,对内开展教育

开展内外宣传这项工作非常重要。我们在重组交行期间,经常听到社会上有人认为交通银行是交通部办的银行,也有人理解是办理交通运输单位业务的银行。因此,正确理解交行,非常重要。于是在试营业前一周,我们举行了一次新闻发布会,邀请上海各家报纸、电台、电视台等新闻单位参加会议。会上我们详细地介绍了交通银行的性质、业务经营

交通银行总管理处由京迁沪暨上海分行开业新闻发布招待会

新闻发布会后各大报纸争相报道交通银行开业消息

范围,以及与专业银行的区别等,并要求参会的各家新闻单位将交通银行试营业的新闻及时在头版头条登载报道出来。当时各新闻媒体也迫切需要这方面的新闻内容。次日,《解放日报》、《文化报》、《新民晚报》、上海电台、上海电视台都作了详细的报道,《金融时报》也作了报道,效果极好。

对内也进行了宣传教育,要求职工学习贯彻执行李祥瑞董事长提出的"三个一流"的服务宗旨,就是一流的服务质量、一流的工作效率、一流的银行信誉。通过学习,提高认识,开展优质服务,客户自然会上门开户办理各项业务,这样也达到了吸收存款的目的。

交通银行开业初期张贴的"三个一流"服务宗旨

发挥股份制优势,增强资金实力

交通银行实行股份制,它的股东单位来自三个方面:一是财政部,财政部拨付资金作为入股资本金;二是地方政府,要求开设交通银行分支机构的地方政府拿出一定资金入股;三是企事业单位(主要是大中型企事业单位),他们也要出资入股。所以作为股东单位的地方政府及企事业单位都愿意支持交行发展。我们就要求地方政府股东把预算外部分或全部资金转存交行;对企事业单位股东,我们动员他们在交行开立账户,部分或全部业务由交行办理。

在试营业初期,我们还参照了国外银行大面额存款的做法,结合上海实际,略作修改,设计了存单式样,编写核算手续,完成后向企事业单位推广。这又是一项吸收存款的举措,在短期内吸收了2亿元存款。

努力夯实基础,开展混业经营

经过两三年的苦心经营,交通银行资金实力有所增强,业务规模逐渐扩大,在不少经济中心城市设立了机构,站稳了脚跟,但是在全国银行系统所占的比重还是很小。为了进一步发展业务,扩大影响,在继续抓紧抓好传统银行业务的同时,尝试开发非银行的金融业务。

首先考虑的是证券业务。当时上海与深圳两个证券交易市场先后开

1988年7月5日上海海通证券公司成立大会

设,社会上一个又一个的证券经纪公司相继开业,人们对投资证券的热情很高。于是,交通银行经过批准,成立了一个子公司——上海海通证券公司。之后,在已经建立交行机构的中心城市,由交行分行负责筹建分公司,几年时间就已初具规模。

其次是开设保险公司。银行办保险在国外是常有的事,1949年以前,上海很多银行也是如此。交行所属保险公司称"中国太平洋保险公司",采取与开设证券公司同样的模式,先后建立了一批分公司。

证券与保险两个子公司的设立为交行在社会上加深了影响,同时又为交行集聚了很多资金。直到1998年,交行总行为贯彻国务院银行要分业管理的规定,将两个子公司转让出去。

在证券与保险之外,交行重组初期,有些分行还按照国务院批准的交通银行章程,开设了一批房地产公司。例如上海分行开设的房地产公司称"申通房地产公司",大连分行的称"连通房地产公司",广州分行的称"穗通房地产公司"等。这些公司由于业务跨业经营,不符合上级规定,后来通过清理,关闭歇业。

紧抓四个环节，增设分支机构

重新组建交通银行是在20世纪80年代中期。那时候各地方政府对发展地方经济劲头很大，同时也迫切需要增加为企业融通资金的渠道，所以不少地方政府要开设银行，但人民银行又不允许。当他们了解到国家要设立一个多级法人体制的交通银行，兴趣很大，热情很高，纷纷提出申请，要求交行在他们的城市设立机构。这为交行设立分支机构创造了十分有利的条件。如果我们主动去设立机构，肯定是困难重重的，现在地方政府主动要我们去设立机构，那就不一样了，一些想办而又难办的事情，在地方政府的支持和关心帮助下，就迎刃而解了。例如合适银行营业的房屋，熟悉银行业务的职工等。

人行提出的交行机构不按行政区域设置，而在发达的经济中心城市设立，而经济中心城市的经济活动必然是跨区域的。经过研究讨论，总管理处制订了一个计划，在全国选择十个经济中心城市，即上海、南京、广州、青岛、大连、沈阳、武汉、重庆、西安、北京，设立十个管辖分行。在情况特殊的城市，如天津、深圳、厦门、海口、乌鲁木齐等设立直属分行。随着国务院经济计划单列城市的增加，我们又增补了数个城市作为直属分行。其他省级城市、地级市称"分行"。有些经济特别发达的县、县级市，共十多个，作为办事处（后改称"支行"）。因交行建立分支机构以经济是否发达为前提，所以我们先从沿海经济发达城市开始，然后逐步向中部地区、西部地区发展。在交行重新组建后的两三年时间里，我们每年新建机构3~5个，摸索路子、总结经验，逐年增加，最多一年新建14个分支行，从1987年到1997年，全国共增设了90个分支行。

长期以来，交通银行领导对分支机构工作非常重视，有一位副行长负责分管，有专人负责具体工作。随着机构增设速度加快，1993年，交通银行决定单独设置与办公室并列的机构办公室，由我专职搞机构工作，另先后配备阮红、喻康祥同志一起从事工作。为了保证新建机构质量，我们对每一个机构的增设，都抓好四个环节。

第一个环节,事先调查。着重调查当地经济发展状况,GDP 多少,全市存放款数量,其中城区占有量多少,入股资本金是否承诺(要求管辖分行、直属分行 1 亿元以上,一般分行 5 000 万元,小支行 1 000 万元),适合开银行的房屋能否落实,熟悉银行业务的骨干能否商调,行领导的配备是否有困难,以及城市经济发展趋势等。如果符合要求,就列入发展计划,经人民银行总行批准,交行总管理处就同意建立筹备组。筹备组的领导人员,我们规定市级领导当组长,财政局与当地人行领导当副组长,另外配筹备工作专职干部。财政局领导参加,有利于资本金落实,预算外资金也可存入交行;人行领导参加,有利于专业银行人员商调,遇到困难也可以进行协调。行级领导配备和其他解决不了的问题,由市领导负责解决。

第二个环节,对筹备组工作班子进行培训。培训内容一是介绍交通银行的性质、业务范围、特点,以及与专业银行的区别;二是布置筹备工作的任务和要求。这些任务和要求包括人员的招聘、营业办公用房的落实、各项制度的制订,以及资本金的落实。人员招聘上,可以招收大中专应届毕业生、商调专业银行骨干、录用企事业单位财会人员、回聘银行退休人员。这些退休人员熟悉银行业务,有丰富工作经验,能起辅导把关作用。人员到位后,还要按照交行制度规定要求,做好培训工作。营业办公用房要求地段适中,营业厅明亮,库房结构安全,按银行要求进行装修。制度上,业务规章制度由总管理处下发,工作制度及岗位责任制由各分支机构自行制订。资本金也要根据要求落实到位。

第三个环节,听取筹备工作进度汇报。为了掌握筹备组工作进度,要求工作班子领导在筹备过程中作 1~2 次汇报,汇报各项任务进展情况,以及遇到的困难与问题。汇报中反映问题比较多的是商调银行业务骨干有难处,营业用房面积太小,或者地段太偏僻,资本金迟迟不落实,配备领导干部各方看法不一等,要求总管理处给予帮助。我们根据不同情况,采取不同办法。对商调银行业务骨干有困难的,与人行领导联系,请他们帮助协调有关银行予以解决;对房屋、资本金有困难的,联系财政与市领导解决;对行级领导的配备有分歧的,按照规定,大家协商解决。

第四个环节,组织验收。当筹备组提出筹备任务基本完成,要求开业,我们就组织验收组进行验收。验收人员有财务会计、计划信贷、组织人事,以及机构办人员。管辖分行、直属分行由总管理处验收,潘总带队;一般分行的验收,除总管理处外还要请管辖分行行长与总管理处对口部门抽调人员共同对口验收。通过听汇报、看资料、提问题等方法了解情况,然后验收组集体汇报,对照总管理处要求条件,凡符合或基本符合的就同意开业(正式开业需待总管理处发文),凡有重大缺陷需要补课的,经补课达到要求后才能开业。次日,验收组将验收情况返回被验收单位,首先肯定成绩,同时提出希望、要求。其中两点基本对每个新建机构都需要讲的。第一点,强调吸收存款的重要性。一个新建机构如果没有存款,就没有放款,没有放款,就没有利润,没有利润,就难以生存。所以存款是银行的生命线,全体同志都要关心存款,为吸收存款直接、间接地做出贡献。第二点,交行人员来自四面八方,要强调团结,齐心一致,把交行发展得欣欣向荣。

寄 语 交 行

交通银行自重新组建以来,通过全体人员的努力,如今交行机构是迅速发展了,队伍也壮大了,资金实力增强了,业务规模扩大了,交行的知名度提高了。不忘初心,"星星之火可以燎原"的梦想终于实现了。

周兴文
交通银行办公室原主任

  2017年是交通银行重新组建开业三十周年,这三十年来,交通银行一直作为中国银行业改革的探索者和先行者,一直在改革这条路上孜孜不倦地前行。如果说改革的这三十年中,头十年是交行根据中央的要求,建立一个新兴的大型的综合性银行,它以交行统一法人体制为标志,基本完成了这样一个历史任务。那么进入第二个十年,交通银行在深化改革的道路上,探索怎样进一步转型,打造成为一个规范的国际公众持股银行。现在我们外界所说的,交通银行改革三部曲,就是重组、引资、上市,一般都认为是在2004年到2007年这个阶段完成的。那么实际上我们回顾一下,这个探索的过程其实要更早一点,可以说在第二个十年的开初,就已经开始这个深化改革的探索了。

　　交通银行是拥有100多年深厚历史底蕴的一家老银行,能够走到今天,确实不容易,特别是重新组建开业三十周年,正好是伴随着中国改革开放,特别是金融深化改革的这几十年,所以交通银行的整个历程,实际上是中国金融业的一个缩影,它所走过的路,反映了中国金融业在曲折中、艰难中,逐步发展壮大的一个过程。

　　同时,交通银行又担当了一个探路者、先行者的角色,不管是第一个十年,第二个十年,可能到现在第三个十年都是这样,所以作为一个交行人也感到很有幸。

十年改革探路,完成整体转型

　　讲到交行改革三部曲,我想还是让我们从头开始,系统地将这个过程回顾一下,实际上这个过程还是很曲折、很艰辛的。

困难重重,曲折探路

　　1997年的下半年发生了一件大事,这件事对整个银行业改革的影响是非常深远的——那就是亚洲金融危机。亚洲金融危机虽然没有直接波及中国,但是它反映出一个很深刻的教训,一个国家的政治、经济要稳定,要健康发展,必须得有一个健康的银行体系。11月,就在亚洲金融危机发生后不久,第一次全国金融工作会议在北京召开。在这次金融工作会议上,一个很重要的议题,就是从亚洲金融危机的发生,来研究怎样在中国建立一个健康的银行体系。

　　当时中国的银行在发展过程当中,应该说也面临着诸多问题,特别是国有银行,当时普遍存在不良资产占比过高,资本金严重不足的问题,潜在风险很大。从交行来讲,虽然比四大国有独资商业银行稍微好一点,但是因为经过初创阶段以后，又经过一个快速发展阶段，再加上外部环境的变化，交通银行也面临着同样的问题。当时从交行的不良资产率来讲，比四大国有银行稍低一点，但是基本占比在20%左右，资本充足率长期不足8%，同样面临较大的潜在风险。

当然，造成这种状况的原因是多方面的。第一个原因主要是在前一段的改革过程当中，扩大了地方的自主权，在经济发展过程中，地方对银行的干预过多，由此造成了一批不良资产。这个状况从源头上来讲，交行重组之初，它是一个多级法人体制，好多地方政府参与分行创建，它们办交行的一个目的就是把交行当作"第二银行"——地方银行。因此在多级法人体制下面，地方政府对银行的干预也是比较大的，再加上总行当时作为总管理处，它的控制力相对薄弱，所以产生了一批不良资产。第二个原因是当时金融法制不健全，有一批企业逃废债。第三个重要原因，当时的国有银行实际上很大程度上承担了我国改革的成本，特别是国有企业改革的成本。好多企业的兼并重组，甚至破产，这些改革的成本，最后都是反映在银行的账户上面。第四个原因就是我们银行内部管理体系的薄弱。交行当时也避免不了这个情况。亚洲金融危机的冲击，实际上把中国银行业的内在隐患及其严重性一下子凸显出来了，所以必须打造一个健康的中国银行体系。

第一次全国金融工作会议对这个问题开展研究，并采取了一项很重要的措施，就是针对四大国有商业银行，由国家发了2 700亿元的特别国债，用以补充四大国有独资商业银行的资本金，同时对四大国有商业银行剥离不良资产，总共剥离了1万多亿元的不良资产。通过这些措施，它们的不良资产占比下降，资本充足率在这个阶段也达到了8%以上的要求。

从交行的发展情况来看，1994年交行刚刚完成了统一法人体制的改革，这个时候正好需要进一步健康发展，也面临着不良资产占比过高、资本充足率不足、潜在风险比较大这样的问题。然而，中央的这个措施没有施及交通银行，虽然交行多次向中央有关部门反映，但是中央有关部门认为这个措施主要是国家拿钱来消化一部分不良资产并补充国有独资银行的资本金,交通银行已经是一个股份制的企业,它不是单一的国有独资银行,所以这个政策很难惠及交通银行。

在这样的情况下,交通银行要继续前行,只有通过深化改革来解决问题。当时的领导班子想了很多办法,采取了许多措施,和中央有关部门沟通,是不是用我们自己的力量争取发行特别债补充资本金,用我们历年的积累,股东暂时不分红等措施来逐步消化不良资产。但是如果采取这些措施的话,对交行来讲,将会是一个很漫长的过程,而且从当时的情况来看,交行要募股扩大资本,一些企业,包括老股东,响应积极性不是很高,所以这也有一定的难度。

关于印发交通银行资产负债比例管理办法的通知

当时交行的领导班子,一方面是加紧练内功,比如说当时一批亏损的分行,就加快扭亏增盈的步伐,同时完善内部风险管理体系,逐步解决历史遗留问题;另外一方面,和中央有关部门加快沟通,争取能够通过发债,通过其他一些形式,加快交行消化不良资产进度,打造一个健康的银行,让交行能够有一个持续健康的发展。但是从实践的情况来看,这个可能性越来越小,而且如果要实施,将会是一个很漫长的过程。

从1997年开始,交行在加强练内功,加强内部管理,采取一系列内部改革措施的同时,一直在寻找一条深化改革的道路。当时交行就考虑能不能通过上市的办法来解决这个问题,通过上市来扩充资本金,消化历史问题。因为当时的资本市场不像今天这么规范,可能觉得上市也是一个途径。但是这里就有一个悖论,因为上市就要达到一定的标准,而且交行上市的话,体量又比较大。上市就要求你资本充足率达到一定的程度,而且不良资产要降到一定的比例。想通过上市来解决问题,但上市之前又要求你把这些问题都要解决到市场能够接纳的程度,达到上市的一个门槛。而且随着中国资本市场越来越规范,上市的可能性也越来越小。

转眼间到了21世纪,我们总行的班子做了调整。因为原来的行长、党委书记王明权同志中央另有重任,调职光大集团担任党委书记、董事长,由当时的副行长、党委副书记方诚国来接替王明权担任行长、党委书记。同时由我们原来的副行长乔伟,担任党委副书记、副董事长,董事长还是殷介炎。新班子在原来班子的基础上,进一步探索交行深化改革的路到底怎么走,同时加快了内部的改革步伐。

我记得很清楚,当时方诚国行长主持交行工作以后,他就对我说:"老周啊,我们现在就沉下心来,踏踏实实地,先把自己的事情做好。"方诚国行长的风格就是比较沉稳,低调踏实。他的想法就是先集中精力把自己的事情做好。所以那个阶段,交行在外面的舆论、报道都很少,就是埋起头来干自己的事情。同时,和中央相关部门沟通还在继续。

2001年底,经过多年的艰苦谈判,中国正式加入了世贸组织。这是对中国的金融业改革影响很大的事件。中国加入世贸组织以后,有一个很重大,影响很深远的一个内容,就是加入世贸组织以后,中国的金融业要进一步对外开放。就是在这样一个背景下,大概在2001年初,时任人民银行行长的戴相龙,在一次小范围谈话中,就对交行的领导建议是不是可以尝试引进外资,走引进外资的道路。戴相龙行长曾经在交行担任过总经理,对交通银行的情况也相当熟悉,对交通银行也很有感情。

班子调整以后,我们在成都召开全系统的办公室主任会议,各个分行的分管领导也都来参加了。当时乔伟副行长分管办公室,他就在会上讲了这个消息,就说交行下一步考虑引进外资,以此来推进交行深化改革。大家听到这个消息,不管是领导层,还是我们下面一些同志,都很兴奋,有种柳暗花明又一村的感觉。因为上市这条路走不通嘛,觉得好像找到了一条深化交行改革的新路子。而且如果能够成功引资,对中国银行业的改革来讲,也是一个有先例意义的探索。

所以从 2001 年开始,我们就朝引资这条路上去考虑了,马上成立了引资办,又聘请了一系列的中介机构,包括资产评估、审计会计、会计师事务所、投资顾问、法律顾问等。但是一家银行的改革发展,特别对于像交行这样一个改革先行者来说,它的探索是离不开大环境的,离不开这种历史环境所赋予的历史任务,在一定的环境下去做,完成历史所赋予你的历史任务。

2001 年提出引资以后,在一两年的时间里,我们也和一些外资金融机构做了接触,引资办也和中介、投资顾问等做了一些接触,但是从市场的反应来看,比较平淡。有些机构,特别是一些金融机构,都是一般性地表达了一些意愿,愿意进一步了解,进一步接触,实质性的投资意向很少,特别是外资商业银行,有实质性入股意向的很少。我记得在 2003 年初,主持这项工作的乔伟副行长亲自带着引资办的吴太石主任到欧美访问,接触一些大的外资金融机构,探讨外资入股的可能性。回来的时候是我到机场去接他们的。路上我们聊了几句,说外资好像有兴趣,但是真正有强烈意愿的不多。

2003 年 10 月,中央召开十六届三中全会,会上提出了进一步深化金融改革,并且成立了一个国有独资商业银行改革的领导小组,这个领导小组由政治局常委、国务院副总理黄菊负责。另一方面,中国加入世贸组织以后,随着中国市场的进一步开放,外资金融机构对中国的金融市场、金融机构的了解也在进一步加深。更重要的是,中国在这个时候迎来了一段高速发展的时期。中国市场的开放和经济的高速发展,引起了外资的兴趣。所以到 2003 年下半年,情况突然发生了很大的变化,外资对入股中国商业银行开始表现出比较浓厚的兴趣。这个时候有两家银行对入股交通银行表现出比较强烈的意向,一家是汇丰银行,一家是渣打银行。按照引资的程序，他们也先后到交通银行做了尽职调查。

但是在引资接触的过程当中，还是碰到了一个很重大的问题，因为外资入股中资银行也不是说你请他来，他就来，他有兴趣他就来的。这里面还是有个选择的，要看这家银行的现状怎么样，发展前景怎么样。所以尽职调查以后，对方觉得从交行的基本情况来看，应该说是一家非常有潜力的银行，在中国的国有商业银行当中，交行虽然是国家控股，但它是股份制，原来就有股份制框架基础，它的机制、体制和国有独资商业银行还是有所不同。

但是真正入股交通银行的话，还是一个老问题，就是交通银行的不良资产过高，这个问题还是没有很好地解决。所以说，就像卖东西一样，你卖这个东西，你至少要把卖的东西包装一下，要有一定的品质，买家才会来买。所以这就提出，在引资的过程当中，交行的资产必须要重组，这个不良资产的问题还是要解决，这是一个门槛。

重组、引资、上市，改革三部曲顺利实施

经过这些年的实践和尝试，我们的思路又做了些调整，在引资之前必须进行资产重组，等于是把门户打扫干净，把家产理理清楚，这样才能引资。所以通过这一阶段的摸索，才真正形成了后来所谓的三部曲的雏形。

现在你看，最早的顺序是倒过来的，先考虑上市，其他都没有考虑。探索的过程当中，觉得上市一下子行不通，就考虑引资，引资的过程当中引出了财务重组。这样子就形成了一个比较完整的思路。先要财务重组，同时加快引资的步伐，引资以后再上市。你的股权结构有了变化，引资以后增强了你的市场美誉度和吸引力再上市。

2003年确定这个改革思路以后，资产重组和引资几乎就是同步在进行。一方面，交行内部加快了财务重组的步伐，另一方面和汇丰、渣打开展尽职调查、谈判。当然，资产重组还是离不开国家有关部门的支持。

我们的资产重组和前面提到的四大国有独资商业银行不良资产的剥

离、重组有很大的不同。因为国家已经很明确,交通银行是股份制商业银行,所以对四大国有独资商业银行的政策不可能用到交通银行身上。所以我们的资产重组,就是靠自身的财务资源,靠自身改革以后的股权增益等来消化我们的不良资产的,所以我们一直说交行是"自费改革"。但是实施过程中还是离不开国家有关政策的支持。虽然财务资源由我们自己来解决,但是政策上还是依靠国家有关部门的指导和支持。

虽说对四大国有独资银行的政策交行享受不到,但是国家对交行的改革还是相当关注的。我记得时任人民银行行长周小川曾经两次到交行了解情况,我都参加接待了。第一次是2003年的7月,一个炎热的夏天,到交行来听取改革汇报,了解交行改革的大体思路。

第二次我印象更深刻,是在2004年的春节,我们整个大楼里没人了,临时接到通知,说周小川行长要到我们行里来,我们就在总行大楼里面接待了他。我记得那次主要就是在沪的几位行领导参与了接待。当时方诚国行长身体已经不太好了,日常工作由乔伟副行长在主持,方行长还特地

2004年1月28日时任交通银行行长方诚国(右)及时任行长助理彭纯(左)陪同人民银行行长周小川(中)一行视察交通银行改革进展

赶过来。周小川行长带了金融稳定局的局长谢平一起过来。金融稳定局当时主要就是主管国有商业银行整个改革制度、改革方案的设计。

那次接待好像时间比较短，主要就是周小川行长听了一下交行的方案，大体的设想。完了之后，他就叮嘱谢平，要求谢平和交行仔细地再算算账，再细化一下交行的这个方案。所以谢平后来又在交行待了两天。从这个当中就可以看出，中央有关部门实际上对交行的改革还是非常关注，非常关心的。不过是寻求一个和四大行略有不同的，适应于交行这样一个股份制商业银行特点的，更加完整的改革方案。

2004年春节过完以后，我们行里就抓紧开展上报国务院的整体方案的修改。大概在5月份就把整体改革方案上报国务院了。但上报后过了一段时间，中央也没有回复，询问也没有马上给批复。

实际上中央对交通银行的改革还是非常慎重的。它有个整体考虑。一方面是考虑方案的制订，包括方案制订以后一些具体问题的落实。另外也在同时考虑交行班子的调整。前面说了，方诚国行长主持交行的时候，扎扎实实地做了很多内部的工作，当时我们称之为"交行整体改造工程"，它包括风险体系的重构、数据大集中、IT工程的集中，还有内部评级制度的完善，以及其他一系列的工程。但是方行长因为2004年已经61岁了，而且他身体长期不好，其他几位主要领导也都60多了。中央要考虑一个方案，要保证能够顺利组织实施，所以当时可能就在考虑一个班子的调整，当然我们当时都不知道这个事情，还是按照原来的计划来。

我记得蛮清楚的，就在2004年5月，我陪我们另外一位副行长刘育长到香港参加一个研讨会。当时上海要筹备世博会，在香港开了一个世博的筹资研讨会，因为要找一些合作伙伴，后来交通银行成为世博会的唯一商业银行合作伙伴，那是以后的事情。当时还在开研讨会，还在考虑整个筹资方案。

开完研讨会以后，我们回到深圳准备参加年度董事会，年度董事会上，行长要做一个工作报告，原来是由方行长自己来做这个报告，但方行长身体不好,就委托乔伟副行长来做年度工作报告。我和刘行长回到深圳以后突然接到方行长的电话,他说:"老周,这次董事会的行长工作报告,就委托张建国副行长来做。"其他的他也没说,就是换一个副行长做这个报告。我倒也蛮敏感的,我跟刘行长一说,意识到可能交行的班子要做调整了。

果不其然,回到上海后不久,中央就正式决定,就班子做了一些调整,决定调蒋超良到交行担任党委书记,建议蒋超良担任董事长,建议张建国担任行长。就这样,由蒋超良来主持整个方案的实施,所以蒋超良董事长多次表示,他不过是在前两届班子的基础上完成了交行的改革三部曲,前两届班子已经制订了一个完善的方案,最后由他来组织实施就是了。

班子调整以后,中央对交行整体改革方案的批复也下来了。我现在记得主要也就几条。一个是财务重组的方案。我们的可疑类贷款440亿元由信达资产管理公司按账面的50%收购。然后锁定可疑类贷款的价值是30%,这30%的资金就直接拨过来,其他的部分由以后的汇金入股交行股权的增值部分来补充。所以实际上还是由交行自身的权益收益来弥补。其他还包括由财政再增加50亿元入股交行,汇金50亿元入股交行,这些都代表国家股。再由社保基金100亿元入股交行。社保基金是作为社会基金的,所以这个价格不是1股1元,最后谈判以后是1股1.8元,和后来企业的扩股价格基本是一样的。那么这样就把财务重组这一块政策上的障碍扫除了,这个方案就完善了。关于引资,中央在批复中也同意了,引进汇丰银行作为交行的战略投资者,持股不超过20%,这也是国家规定的外资进入上限。

当时财务重组虽然艰苦,但是应该说交行人非常努力,在这个改革的过程当中,也体现了交行人的素质。后来也得到了中央有关部门的肯定。

其他不说,我举个例子,按照约定,财务重组要在20天的时间里面,

交通银行与全国社保基金签署股权投资协议

把整个不良资产打包给信达资产管理公司。因为中央已经批复了，和信达公司也谈了，约定20天的时间里面要把几百亿元的不良资产整个打包出售给信达公司，而且完整的资料要移交。于是全行集中了一批人，加班加点，确保在6月20日的凌晨全部完成。

我陪蒋超良董事长、张建国行长多次到工作现场慰问，分行也有人在。蒋超良董事长也很感慨，说确实是打了一场硬仗，多次向大家表示感谢。

财务重组完成以后，引资就相对比较顺利了。从汇丰的角度来讲，一看你的家底也比较清楚了，大家就开始在一些具体的引资细节上进一步谈判，谈了以后拟定具体的引资条款等。记得就在2004年，我们在北京人民大会堂正式和汇丰签署合作协议。

当时汇丰和渣打两家外资银行当中为什么最终选择汇丰呢？因为从各方面来看，汇丰更切合交行引资的宗旨和意图。因为引资从一开始，我们历届班子，特别到了后来蒋超良董事长来了以后多次强调，我们引资的目的不是为了改善交行的财务状况。我们引进外资，更重要的是引进它的体制机制，以此来改变交行的体制机制，来进一步深化交行的改革。就是我前面说的,交行重组后第一个十年是按照中央要求建立一个新兴的综合性银行、大银行。那第二个十年就是要建立一个规范的股份制商业银行,或者叫规范的国际公众持股银行,按照这个方向去深化改革。

汇丰银行是国际上知名的大银行,而且对中国的情况也相当熟悉,它从来没有离开过中国的本土。而且从和汇丰的谈判过程中也可以看出,汇丰是着眼于它的战略目标进入中国市场的,而不是纯粹的从短期的财务投资角度来入股交行的。这样的话,大家就比较契合。

谈判应该说还是相当艰苦的,过程中和汇丰还是有很多争执、矛盾、冲突的地方,这个是难免的。谈得越是艰苦,双方对对方的了解也就越深入。了解深入了,也就为以后的合作奠定一个比较坚实的基础。而且,在战略上、目标上,大家有很多契合点。和汇丰的谈判,争执、矛盾无非就是在引资的一些具体问题上。比如说价格的问题,比如说进来了以后,汇丰从长远目标考虑,希望条件许可的话,它能够控股,那么像这些条件,我们要给它设置一定的限制。最后确定汇丰银行入股交通银行,占股19.9%,仅次于中央财政,成为交行的第二大股东。

2004年8月6日交通银行与汇丰银行在人民大会堂举行股权交割仪式

到2005年,我们就到香港上市。当初我们交行上报的这个方案是A股和H股同时上市。但因为当时的A股市场环境不好,它没有这个窗口,正好是一个大熊市。另外,2005年上半年,证监会刚刚颁布了股权分置改革的办法,所以有些国有股的上市就暂时搁置了。但是我们又不能失去在香港上市的机遇。所以我们2005年大概是5月份就在香港上市,香港上市后反响非常热烈,收到了很好的效果,上市的股价、反应什么都不错。

交通银行在香港成功上市后媒体竞相报道

至于暂时搁置的A股上市,从行领导班子来讲,态度都很明确,要创造条件,回归A股上市。用蒋超良董事长话来讲,就是要让广大的交行股东,尤其我们内地的股民,来分享交行改革的成果。所以到2007年5月,有了合适的窗口时机,我们就回到上海证交所上市,正式完成了两地上市。

这里要提一下,我们交行在香港上市是境内银行在境外上市的第一股,在A股上市我们不是第一股。前面讲了,我们引进外资也不是第一家,在交行之前上海银行、浦发银行也引进了一些外资。但是作为战略投资者,这么大规模地引进汇丰,我们是第一家。

现在回过头来看,前面讲十六届三中全会成立了国有独资商业银行股份制深化改革的领导小组,要推进国有独资商业银行的改革。在具体制订方案的时候,已经确定了中国建设银行和中国银行两家作为试点,但是它们没有先行启动,而是先启动了交行的引资和上市。

什么道理呢?虽然没有明说,但我体会到是中央有关部门选择交行做了一个改革的先行者、探路者。这可能也是因为交行有一个股份制的基础。这几年交通银行为这方面的改革做了很多努力,在内部的改革提升管理水平上面也做了很多努力。我觉得中央包括有关部门还是认可的。此外,交行相对四大国有独资商业银行来讲,它的规模相对比较适中,所以作为探路者、探索者、试点者来讲,就有探路、探索、试点的意义,它成功了,为四大国有独资商业银行提供借鉴;但如果不成功,它的影响也不至于很大。如果选择过小的银行来试点,没有这种标杆意义。选择体量很大的,像工商银行、农业银行,对整个金融经济的影响就太大了。

所以交行在这次改革过程中,不仅自己完成了转型,而且还起到了探路者、探索者的作用,为金融改革提供了很好的借鉴,很好的范本。所以后来的几大国有独资商业银行的改革,基本上是按照这个思路去实施的,具体方案当然会有所不同,但大体就是按这个路径去实施的。

向国际化公众持股银行迈进

所以第二个十年改革转型,我觉得虽然财务重组,引进外资,两地上市是顺利实现了。但是从它的意义来讲,不完全局限于此。我觉得更重要的,是在金融开放和市场化的大环境下,对交行的深化改革,带来一种外在的压力,而且这种外在的压力通过一种机制的传导,就变成交行内在的一种深化改革的动力。这种改革和以往改革不同,它的导向性、目标性更加明确。因为通过改革,交行成为一家国际化的公众持股银行,有外资进入了,有国际上的参照系,作为公众持股银行,它又有一个市场导向在那里。

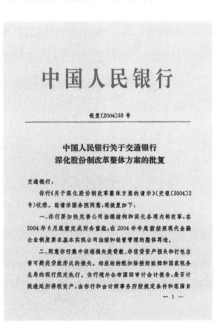

中国人民银行关于交通银行深化股份制改革整体方案的批复

而且这种改革不是盲目的，有两个很明显的参照系。一个是按照国际金融机构这种先进的标准去改，按照国际通行的规则去改；另外一个就是按照市场化的要求去改。所以这个给交行的内部带来了一系列深刻的变化，这一点我觉得交行的领导层和广大干部员工也很清楚。改革上市不是终点，关键是要通过引资改革上市来推动交行真正发生体制机制上的深刻变化。

我这里举几个例子，这种变化确实是非常深刻的，是一种本质性的变化。比如说公司治理结构，我们的公司治理结构得到了进一步的完善。虽然交行重组之初就是股份制商业银行，但说实话它的公司治理结构是比较不完善的，比较低级的。交行的股东大会、董事会的决策作用根本没有得到充分的发挥，内部对整个经营管理层的监督机制，也没有很好地建立起来。

所以这个改革完成以后，在改革推进的过程中，一方面推进改革，另外一方面，公司治理结构就按照上市公司的要求，特别是按照国际公众持股银行的要求，进一步规范。规范了董事会的构成，也成立了董事会的专门委员会，聘请独立董事，规定了董事会的议事规则，哪些重大事项要由董事会决策，董事会怎么对经营管理层进行监督和考核。一系列的制度都建立起来，具体的办事机构也都健全起来。这个我很清楚，我们内部机构做了一次调整，当时行里的主要领导征求我的意见，就是根据董事会的职权，它的公司治理逐步规范，比如要不要单设一个董事会办公室。原来董事会的服务功能是放在我们办公室的，就一个副主任管一下，每年开两次会，很简单，也没有很规范的投资者关系管理等，这些都没有。我觉得分设董事会办公室还是很有必要的，所以董事会办公室分设以后，投资者关系管理、信息披露制度等一系列的机制，都建立健全起来。

我还可以举一个小例子，说明前后董事会的规范程度是不一样的。银监会从人民银行分离出来，单独对银行实施监督功能。银监会成立以后，对交通银行有一次现场检查，检查以后，检查组带队的同志跟我们有一次私下的谈话,他就讲,这个检查的反馈意见中,有一条是交通银行公司治理不完善,就是说交通银行的法人代表,到现在为止还是行长,不是董事长,这个很怪。大家一听,觉得他提的很有道理,一般法人代表当然就是董事长,他是大股东的代表,代表股东利益的;行长是管理层,是受委托经营的。他指出我们这个不太规范,那么我跟他解释,这个实际上是交通银行历史原因造成的。交通银行原来的章程上是这么规定的,而且交通银行作为一个中央金融企业,它的干部是中央管理的,由党委书记任行长,所以实际负主要责任的就是行长。

后来在2004年,中央对交通银行班子调整,在下达任命通知的时候,就把这个改过来了。蒋超良董事长来的时候就任命他是党委书记,建议他担任交通银行的董事长。所以公司治理结构在这以后就逐步完善。我们可以明显地感受到董事会的变化,在整个交行的经营管理当中,它的决策作用越来越强。

交通银行召开2004年第二次临时股东大会

再比如说,我们的业务转型。改革以后就要转型嘛,这个业务转型早就提出来了。商业银行不能老是靠传统的存贷款业务来作为你收入的主要来源,需要改变业务结构和业务发展方向。上市以后,交通银行在这方面做了一些重大的调整。过去我们在传统的存贷款业务上提的口号就是："不管大中小,只要效益好。"这和交通银行当初重新组建时候的地位是相适应的,它是在夹缝中求生存。但是现在交通银行发展到一定的程度了,要作为一个规范的公众持股银行了,所以在存贷业务上提出要建立稳定的客户群和建立稳定的客户关系、银企关系。对企业的服务,不停留在传统的存贷业务上面,要为企业提供综合性的金融服务。而且从银行的收入来源讲,也不主要是靠存贷,而是在存贷之外,大力开发中间业务、个人金融业务等。这就是一个很大的变化。

再比如说,成为公众持股银行以后,各方面对银行的监督就更加直接,更加市场化、公开化了。我们原来没有太多这方面意识,后来在上市过程中交通银行受了一个很深刻的教训。一些交行的老同事都有印象。当时恰恰在交通银行引资上市的关键时刻,舆论上有几件事情,对交通银行造成了很不利的影响,一度导致汇丰对交通银行产生很大的疑问,甚至打退堂鼓。

一个是金新信托事件。金新信托公司是德隆集团下面的一个控股子公司。按照现在的理解,信托应该是代人理财,投资者要自担风险。但是当时的投资者没有这个意识。这个产品是在交通银行代售的,我们交通银行只是代售,后来这个信托计划出了问题,德隆集团可能把这个信托资金挪用了,那些投资者收不回信托的投资资金,也找不到信托公司。信托公司空壳了,整个德隆集团不行了。他们就跑到交行来闹,他们认为是在交通银行柜台上买的,你交行就要负责。当然现在可能不太会出现这种情况了,现在投资者已经逐渐有了风险意识。但这个事情在报上一披露,虽然实际上和交通银行的关系不是很大,但对交通银行的声誉影响很大,而且恰恰就是在上市的当口。

还有一个是锦州事件。锦州分行在处理不良资产过程中,虽然有些不良资产已经核销,但是核销后企业还是在还款。核销的账不是不追,核销的资产,我们银行还是要有人管这个账,追来的钱是进银行的大账,但锦州分行追来的钱进了自己的小账,那就不仅是违规,而是刑事案件了,最后是刑事处理了。这个案件在报纸上披露后,对交通银行的冲击很大。这就提醒你,今后作为一家公众持股银行,你的一言一行,你的整个经营状况都是在公众的监督下的。

所以交行在上市后,对信息披露就有了一系列的规范,对舆情的控制、舆情的了解、信息的发布,都是非常慎重的。每年交行年报上是怎么发布的,承诺了哪些事情,下一年度做到了什么,没做到什么,都要对股东有个交代,这也是一个很深刻的变化。

再比如说风险控制。银行本身是一个风险行业,所以风险控制对银行的持久发展来讲是非常重要的。因此,我们深化改革的过程中,在引资上市的过程中,对此也做了很大的完善,提出了全面风险管理的理念,而且在风险控制的观念上面发生很大变化。蒋超良董事长一直强调风险不是零容忍。过去说,我们对风险要零容忍,但这是不可能的,银行本身就是风险行业,银行就在控制风险和收益当中为客户争取利益的最大化。所以后来就提出要有风险容忍度的概念,容忍到什么时候,有风险的压力测试、风险的全面管理、风险管理的全覆盖。这些理念、这些机制都在后来逐步完善。

又比如说内部审计。原来我们的内部审计从总行到分行两级,下面也有自己内部附属的审计机构,但是它自己审计自己,力度相对来说比较薄弱。后来内部审计的制度也做了改革,加强了总行的审计力度,按地区成立了审计的分部,然后就直接下到省一级。因为交行的层级是总行,省分行,包括一部分总行直管的直属分行,省辖分行,就是省里面一些地级市的分行。原来交行的风险管理当中,最薄弱的一个环节就是我们的省辖分行,就是所谓的三级行。现在通过这个制度改革以后,把全行的审计就统一起来了。这样风险控制能力就大大地加强了。

此外还包括薪酬制度、人事制度的改革。交行刚刚重建的时候搞了一个行员制。这和四大国有商业银行已经有差别了,四大国有商业银行薪酬制度政府色彩还比较浓。交行的行员制按行员职位、岗位确定不同的等级。改革以后和国际接轨，按照不同的岗位细分，重新设计等级制度、薪酬制度和职位制度。同时又借鉴汇丰的平衡计分卡，对员工进行一个全面综合的考核。

我们内部的财务管理，内部资源的分配，原来很粗放。银行内部它也有资源分配，分行也要拿着一定的资源去经营，当时是按计划或者是存款规模进行分配。上市以后，有了经济资本、经济利润的概念。我们算经济账，你这个资本不是无偿使用的，你使用我的资本多，你的回报就要多。什么业务用的资本量大，它的回报也要大，这个都要有测算。利润也按照经济利润来算，看看是不是真正的实实在在的利润。以此考核各个分支机构的管理，引导它业务发展的方向，在内部工作上都起了很好的作用。

所以这个改革可以说是全方位的。包括交行的品牌建设。原来没有所谓的品牌建设，打一个是一个，现在有系统的品牌建设，系统的企业文化建设等。所以这种变化是实实在在的，给交行的体制机制带来一系列的变化。当然，这个变化还是初步的，至少到2007年上市完成以后，有好多还是刚刚起步，有好多还是不完善或还在完善过程中的，还要随着形势的发展来不断地完善。

大家一直比较关心的是汇丰进入以后，到底带来一些什么变化。我觉得汇丰来了以后对交行确实是有很大的帮助和促进的，对提升交行的经营管理水平，也起了很大的作用。和汇丰签订引资协议的时候，我们同时签了TSA协议，就是技术支持和援助协议。所以交行在引资的过程当中，思路一直是非常明确的，我们不仅要引资，还要引智、引制。就是说在引进外资的同时，还要引进外资银行先进的管理理念、先进的管理技术和先进的管理方法。这个协议不是空的，它是有实实在在内容的，而且建立了一个双方合作良好的沟通机制，双方的董事长半年见面一次，行长层面，我们有个分管的副行长，他们那边也有个高层，一季度见一次面，再下来我们这里双方都有一个合作的办公室。这给我们的帮助确实是相当大

交通银行与汇丰银行签署战略合作协议

的。我记得当时我们在人民大会堂签完协议以后,黄菊副总理接见了双方参加签字仪式的高层,提了一个要求,希望交通银行和汇丰银行的合作,能够成为中外银行合作的典范。确实汇丰银行进来以后,我们双方都是朝这个方向去努力的,一定程度上也达到了这个要求。

汇丰进来以后带来的变化,总结起来,我觉得体现在两个方面。一方面就是从外部来讲,成功引进汇丰银行以后,提振了市场的信心,也提升了交行的美誉度。我们先引进外资,再上市。我觉得这一步走得相当漂亮。因为汇丰是一家国际知名的大银行,汇丰进入交行以后,大大提升了市场的信心,虽然这时候整个宏观形势下,大家对中国的经济金融已经逐渐地看好了,但是一个这么大的外资银行,投入那么大的一笔钱在交通银行,而且它还没拿到控股权,只是第二大股东,这说明它对中国银行业的看好,长远的看好。交行后来能够在香港顺利上市,这也是一个很重要的原因。

另一方面是从内部来讲,就是我上面讲的,为交行提升了管理水平,提供了很多好的支持。比如说帮助我们培训人员。我们在汇丰集团总部所在地伦敦就办了好几期高层管理人员的培训，每年有一批高层管理人员到那边去培训。同时还委派一些业务骨干到汇丰的相关部门去实习。汇丰也派了一些人员到我们交行，有的担任副总，有的担任主要处室的负责人，主要是风险部门和个金部门等，来帮助我们提升管理水平，提供一些建议、意见。

另外，谈判引资成功以后，汇丰还派了一位副行长参与交行的高层管理和经营管理。这是我们蒋超良董事长提出的。当时汇丰派来交行担任副行长的叫叶迪奇，是汇丰的一位资深的高层管理人员，曾经担任过中国区的总裁。他来了以后，确实帮助我们做了好多工作。我们也确确实实一视同仁，把他作为我们总行的高层领导，他参加我们的行长会、行务会，一切会议都参加，他作风很实，分管的领域，该看的文件他都看，批什么文件，批什么意见，一切照常办理。他当时分管个金领域，他的外资管理作风和我们有时候还不太一样，来了以后就帮助我们改善个金业务，他在这方面有丰富的经验，为我们进一步拓展个金业务，打造个金业务的品牌。

比如讲我们交行在市场上还是有点影响的沃德财富，这个品牌就是那个时候打造起来的，专对一些高端客户，提供优质的服务。刚开始提出这个概念的时候，有些分行的同事还不太理解，要分那么细干吗？社会上有的人也不太理解，银行服务还要分层次？现在大家都能接受这个观念了。沃德理财还有一个专属的服务区——沃德服务区，当时有的分行还意见挺大，因为它要求统一的标准，按照统一的服务流程，统一的外在装修，那么装修一个网点都几十万，有的上百万。有些分行觉得这是浪费财务资源。但现在都看到，打造这个品牌确实很重要。

现在我们的个金业务，有些品牌就逐渐地在市场上有一定的影响力了。过去银行没有什么所谓品牌的，我做贷款就是贷款，我现在给它起个名字，有一定的服务标准，一定的规范化的服务，所以带来很多新的理念，很多新的帮助。

当然回过头来讲，到了交行以后，叶迪奇副行长对中国的金融业，中

沃德理财专属服务区

国的国情也有了进一步的了解。他来了以后,我们工作上也有点接触。我们这个部门就是为领导提供服务,提供综合协调的嘛。他多次讲过,虽然他过去在汇丰当过中国区总裁,但是到交行来了以后,对中国的银行了解更深了,对中国的情况也了解更深了。

汇丰进入以后,多年来确实是从它的战略投资角度来入股交行的,这一点我觉得它的宗旨从没有改变。我们也知道2008年的时候,世界上又发生了金融危机,那时候有几家入股国内银行的外资银行,有的资金比较紧张,所以就把股权全部变现了,就走了,有的将部分股权变现了,但是汇丰始终坚守在交行,和交行继续开展良好合作。不仅如此,因为交行在此期间有几次增资扩股,汇丰为了保持19.9%的股份比例,它也增资了,说明还是看好中国银行业的发展。

所以我们回顾一下交行改革三部曲的发展历程,现在一般都说2004年到2007年是交行改革三部曲。我的看法是交行恰恰在进入第二个十年之初,就是从1997年底开始了这个探索。是在实践的过程中,艰难地探索出这么一条路,并且完成了这个转型,把交行打造成一个公众持股银行,而且是国际性的公众持股银行。所以说交行秉承了这个重组初期的改革宗旨,作为国家金融改革的探路者、探索者的宗旨,在第二个十年,更好地完成了这个历史使命,不仅是自己完成转型,而且为整个中国银行业的改革做出了很重大的贡献。

香港分行回归,加深两地联动

香港分行在交通银行的整个体系中,有很重要的地位。我们交通银行是1908年初成立的,1908年底就设立了香港分号,那时还不叫香港分行。可以说,它和老交通银行基本上是同一年成立的,所以它的历史可以说是非常悠久的。但是到1923年的时候,河北、北京那一块发生了挤兑,另外星加坡分号也发生了挤兑和资金困难的问题。香港分行因为和它们有大额的资金往来,所以也受到波及。因此,1923年以后,香港分行就停业了,一直到1934年,交通银行又重新设立香港分行,所以1923年到1934年中间有十来年的时间是中断的。

1934年11月27日香港交通银行恢复经营当日员工合影

那么香港分行的成立时间到底算哪一年?现在还是有不同的看法,或者说大家理解不太一致。我记得2004年,香港分行在香港搞了一个规模比较大的成立70周年的庆典活动,我去参加了。在会上,我就作为一个疑问,问了一下,香港分号不是1908年就有了吗?他们把自己算作是1934年开始,所以这个问题以后还要进一步讨论。

香港分行从1934年开始就延续经营,一直到现在,所以香港分行对交通银行的意义确实是很大。我们了解交通银行历史的都知道,交通银行1908年成立,是中国最早的商业银行之一。但是1949年以后,随着外部环境体制的变化,到1958年,内地交通银行的机构就全部撤掉了,留了一块总管理处的牌子在北京,就名义上它没有撤,但是唯一的有一个实体始终存在,就是香港分行,所以香港分行是交通银行延续经营的一个实体性的标志。

1958年,内地交通银行全部停了以后,香港分行仍然继续对外经营,交通银行重新组建开业以后,当时的香港分行是由中银集团在管理的,在当时的条件下,也没有条件去管理香港分行,所以这个状况一直延续到20世纪90年代中期。

后来,交通银行相继也成立了一些其他海外分支机构,像纽约分行等。条件逐步成熟了,就和中国银行提出要求,是不是让香港分行回归,由交通银行总行来直接管理。中国银行非常支持,中银集团也非常支持,因为交通银行香港分行本身就是交通银行的嘛。我记得当时是我们分管国际业务的副行长吴建去谈的,谈判很顺利。接下来就是相关的交接事宜,大家做了一个协议,包括过渡事宜。我们还请中银集团代管一段时期过渡,等到我们自己的系统建立起来,然后和香港分行各项衔接工作做好了以后,香港分行最终才归到总行,由总行来管理。

香港分行的回归,对交通银行意义重大。它对整个交通银行的贡献我总结了这几个方面。

第一个方面,通过香港分行,我们对国际金融市场有了更深刻的了解。因为香港分行毕竟处于香港这样一个国际金融中心,而且是处在国际金融市场高度发展的环境里面。在当时的历史条件下,中国内地的金融机构走出去的很少,开放程度也不高。所以我们通过香港分行,对国际金融市场有了一个很深刻的了解。

第二个方面,香港分行回归以后,它在产品的开发等方面,给内地提供了很多借鉴。相对来说,我们内地的银行产品比较单一。那么借鉴香港分行的一些产品,稍做一些改动,就可以拿过来用。

第三个方面,香港分行回归以后,加快了和内地分行的合作。有些企业,它有境内业务,又有境外业务,我们就通过和香港分行的合作,共同为这些企业提供服务。这个也是做得比较好的。

第四个方面,香港分行对内地人员的培训,也起了相当大的作用。回归以后,我们总行每年派一些干部,特别是一些中层管理人员到香港分行相关部门去实习,也直接参与它的管理工作,了解金融市场,了解它们的管理要求。另外香港分行有个培训中心,我们也利用它的培训中心,把有些培训班就放到香港分行去,直接在那里感受、了解它的一些规范的做法。香港分行的一些管理经验,也为我们以后陆陆续续地再开设其他一些境外分行起了很多借鉴作用。

混业经营中断,重构集团模式

现在我们回顾交通银行的历史,都对当时海通和太保的脱钩感觉到非常遗憾。交通银行刚刚重新组建的时候,按照中央的批复,是一家新兴的综合性的大型银行,所以一开始,我们就是朝这个方向去努力的,就是说除了搞银行业务以外,中央政策是允许交通银行搞非银行金融业务的。于是,在发展过程中,就有了证券业务和保险业务。

刚开始的时候,海通是在上海分行海通营业部的基础上组建起来的,它整合了当时各个分行的证券营业部,在 1994 年完成了改制;太保是交行组建的一个保险公司,1995 年完成了公司制改造。在这个历史发展过程中，也经历过一些波折，到 1994 年、1995 年的时候，把这些历史遗留问题逐步地解决了，也就是说走上了一个正规发展的道路。恰恰在这个时候，国家有了新的规定，而且宏观环境又发生了变化。当时有些金融乱象，金融秩序比较混乱，国家要整顿。当时的金融秩序混乱就是由这些非银行金融机构，主要是由信托公司引起的，当时有一大批信托机构成为地方政府的第二财政。

按理来说，信托机构就是代客理财，但有人把这个作为集资渠道，作为第二银行，所以搞得好多信托公司后来资不抵债，出了几件大的事情，有几家大的信托公司破产清算，造成金融秩序混乱。所以中央决定整顿金融秩序，其中有一条就是银行不能再投资于非银行金融机构，而这一条，在 1995 年刚刚通过的《商业银行法》当中也是有明确规定的，我们境内的商业银行不得投资于非银行金融机构，保险、证券、信托都包括在里面，《商业银行法》做出这个规定，中央也发了一系列的文件，要求商业银行和原有的这些机构脱钩。

中央规定出来了以后，交通银行还想看看形势的发展再跟进，所以当中也拖了一段时间。但是这次整顿金融秩序，中央是作为一件很重要的事情来做的，把它作为深化金融改革之前要解决的一个问题，所以在 1999 年，我记得蛮清楚的，由当时中央金融工作委员会常务副书记、人民银行副行长阎海旺亲自到交行来督办这件事情。他也明确跟我们说，到现场来督办，就是希望交通银行抓紧和这两个公司脱钩。所以在这样的情况下，交行和上海市政府经过洽谈，就把这两个公司整体转让给上海市政府。

整个转让过程当然很顺利，从上海市政府的角度来讲，两个都是很好的金融机构，对地方金融企业的发展起到很大的支撑作用。现在海通和太保都是上海两个大的金融机构，从全国来讲，海通和太保在行业中都是第一阵营的。所以对交行来说这个事情确实很可惜。

尽管如此，交行的领导层还是没有停止探索，还是希望能够保持一块综合经营的领域,所以当时想了一些办法。其中有一个办法就是发挥香港分行的作用。因为当时根据香港的法规,银行是可以投资非银行金融机构的。香港分行下面有证券,有保险,有财务公司等。当时的想法就是能不能由香港分行下面的这几个子公司进入内地拓展业务,通过这样一个迂回的办法,保留一块综合经营的领域。但是迫于当时的客观形势,和现实条件,并不是非常顺利。后来香港分行的这几个子公司也经过整合,现在变为交银国际、交银证券、交银保险。

对海通和太保的脱钩,很多同志都感到有点遗憾。也有些同事说如果海通、太保不脱钩的话,现在要打造综合性的银行集团,可能步伐就要快得多,这确实也是一句实话。但交行与海通、太保的脱钩,是在国家宏观政策、监管政策的要求下,不得不做的一件事情。

谁知道历史走了一个圈。就在我们和海通、太保脱钩半年以后,情况又发生了一些变化,整个国际上的金融监管规则又发生了改变,金融发展趋势又走向综合经营了。现在回想起来确实比较可惜。我亲耳听王明权行长说过好多次,在当时的历史条件下,如果再延迟半年,情况可能就会大不一样。

从交行来讲,发展综合经营这个想法是一直存在的,特别是后来放开以后,我们完成了三部曲的改革,我们交通银行就在考虑打造一个综合性的银行集团,所以从2006年底到2007年初,已经开始进行这方面的探索。

最早的就是和湖北省政府合作成立了交银国际信托投资公司,这个也得到了时任湖北省委书记俞正声同志的支持。因为湖北国际信托投资公司当时处于一个停业,就是清算的状态,它牌照什么都在,但是基本上就在处理历史问题。所以正好有这样一个机会,否则重新组建比较麻烦。于是就和湖北方面合作,由交行入股85%,它保留15%,成立了新的信托公司,原来叫"湖北省国际信托投资公司",换牌后就变成交银国际信托投资公司。从此拉开了交行新的综合经营的大幕。我从办公室主任位置上退下来以后,有幸到这家公司担任第一届监事会的监事长。

信托公司大概是在六七月份成立的，接下来11月份就成立了交银金融租赁公司，再过一两年又成立了交银康联保险公司，所以就逐步逐步地在重新构建，在新的历史条件下，构建交通银行综合经营的一个集团模式。

现在回过头来看，虽然海通、太保脱钩出去是一件很遗憾的事情，但是它也说明交通银行作为一家国有控股的商业银行是坚决服从国家政策的，所以只能在新的历史条件下再重新开辟这个领域。据我了解，这几家子公司，现在做得都还不错。子公司成立以后，为增强整个集团的经营能力，加强集团下各项业务的相互合作、渗透，为企业提供综合性的服务，提供了更好的条件。

寄 语 交 行

我是1996年调到交通银行总行的办公室工作的，在办公室待了整整11年，作为一个综合协调管理部门，历经了3届领导班子，也经历了我前面讲的整个第二个十年的改革历程，所以觉得有这么一段历史记忆也很荣幸。正因为有这么一段历史记忆，所以对交行确实有比较深厚的感情，即便现在退休了还是一样。看到交行从重组开始，在艰难当中，一步步发展，到现在成为这么一个有一定知名度的，有一定经营管理水平的国际公众持股银行，而且还在朝着更新的目标发展，觉得心里蛮欣慰的。

回顾这段历史，我有一个体会，交通银行有现在这个局面，是一代一代交行人的共同努力所形成的，这当中当然有成绩，有失误，也有曲折。有一回，行里在修行志的时候，让我看看这个行志，提提意见，我就说了这么一个观点，客观看待每一代交行人的作用。我们走过的每一个历史阶段，我觉得都要看三条，第一个看历史背景，第二个看历史作用，第三个看历史传承。我们走过的每一步，都是在一定的大的背景下面走过来的，交行的历史,交行的历史作用,也是在时代大背景下发挥出来的,所以它探索者的作用也好,试验田的作用也好,要放在这个历史背景当中,才能看得清楚。

我刚才介绍三部曲的时候,也讲了前面发生的几件大的事件,就在这个背景下,可以看出,我们交行形成这个改革思路,走到这一步,确实不容易。之后的每一步,也都有历史的传承,不是简单地对前面的肯定和否定,也不是凭空地起一个新的炉灶,而是对前面留下来的一些好成果的继承,对面临的新的历史问题的反思。所以回顾这段历史,尽管每一代交行人面临的历史任务不同,所做的工作不同,但是仔细看看,每一代交行人,一条是始终不变的,就是改革探索的精神,这种精神每一代都没有变,一代一代地传承下来了,也正是这种精神,支持着交行从开始重组,在夹缝中生存,到一步一步地发展壮大,走到现在,而且为中国的金融改革也做出它自己的贡献。

如果说有什么希望的话,我希望交行这种精神继续传承下去,因为中国的银行业要面对的问题还有很多。不是说现在中国的银行业已经非常健康了,今后所要面对的问题,可能要比上一个世纪,或者前三十年要复杂得多。所以只有保持这种精神,你才敢于去面对新的问题,不断地把交行推上一个一个新的台阶。作为一个交行的老员工来讲,也希望在这种精神的感召下,看到交行一步一步地不断走上新的台阶,达到一个新的更高的起点。

赵 宽

交通银行党委办公室、办公室原主任

我是1992年1月从上海市委研究室调来交通银行的,先后在总行三个部门、两家省分行和一家保险公司工作过,直到2013年2月退休。在交行整整21年职业生涯中,我目睹了交行改革发展、创业创新的前行脚步,亲身经历了交行矢志不渝、坚韧不拔的探索奋进历程。至今回忆起来,感触是很深的。

在改革关键时刻,是邓小平同志南方讲话为交行发展拨云去雾,指明了方向。记得我刚到总行调研室工作,就接受起草《关于交通银行改革发展的研究报告》的任务。这个报告的撰写工作是戴相龙行长亲自主持的。当时交行作为一家股份制、综合性的银行,重新组建还不到五年,但在体制改革、业务创新等方面,已经对原有的金融体系以及所属金融机构造成了前所未有的冲击,几家国有专业银行认为不仅被挖了人才,还被抢了业务,因此设置各种障碍,使交行的改革发展困难重重,步履维艰。

针对社会上对交行改革有所抵触,施加压力的情况,人民银行准备在1992年下半年安排一次调研,研究交行改革何去何从。处在改革发展的"十字路口"如何选择?交行领导认为非常有必要召开一次理论研讨会,进行理论上的探讨和阐述。我们起草的这份研究报告提出,重新组建交行是我国经济社会发展和金融体制改革的客观要求,五年的实践证明,实行股份制使地方财政和各类企业有了参与管理权、利润分配权,有利于激发活力,促进地方经济的发展。按照综合银行的模式提供包括保险、证券在内的多种金融服务,有利于探索社会主义商业银行发展之路,建立计划经济与市场调节相结合的金融运行机制。

当时关于交行的服务对象有几种考虑:一个是由分支行根据自己的资金实力、贷款条件随机选择,这在开业之初是可以的,但长远看对自身发展不利;另一个是把交通、铁路、航运等行业划给交行,这样做不但要设立很多机构,走资金供给制的老路,而且违背重组交行的宗旨;再一个是继续实行业务交叉,支持一批经营机制新、技术水平高、经济效益好的企业,经过银行和企业双向选择逐步形成交行的基本客户。交行希望采取第三种方案。1992年4月,交行在北京召开了理论研讨会,由戴相龙行长主持。当时邓小平南方讲话发表不久,"改革开放的胆子要大一些,敢于试验,看准了的,就大胆地试,大胆地闯"的指示精神,在社会上引发强烈反响和普遍共鸣。与会

1992年4月27日在北京京西宾馆举行的交通银行改革与发展座谈会

的理论工作者、学者们畅所欲言,积极支持交行坚持股份制、综合化改革的方向。人民银行对此也给予积极支持。所有这些,进一步坚定了交行改革的决心,并毫不动摇地一路走到了今天。

统一法人体制改革是交行发展的"里程碑"。交行重新组建是上海市委市政府在制定经济发展战略时提出来的。因此1987年4月1日交行正式挂牌的同时,上海分行也同步成立了。因为有了这个样板,一些经济比较发达的省市也希望比照上海,在当地设立交行的机构。当时经总管理处同意并报人民银行批准,交行成立了一批分支行。这些新设机构大多在沿海、沿江地区和经济发达的省会中心城市,注册资金来自地方财政和企业投资的入股,筹备成员有来自政府的秘书长、计委、财政局长等地方干部,也有当地专业银行的行长。由于实行多级法人体制管理,贷款规模大小是根据各行存款多少来自主决定的。由于地方政府和企业的大力支持,新设机构成立后业务发展是很快的,但随之而来的风险也不断扩大。一些地方不良贷款的比例非常高,甚至超出了存款规模,这样发展下去问题会很严重的。由于总管理处对下属机构没有人事管理权,还出现了个别行长胡作非为的现象。

记得那时候世界银行的专家对交行有一个评估报告,认为交行分支机构多为独立法人,所以交行是"一群地方小银行的联合体"。言下之意,是交行管理不规范、抵御风险能力很差。处在发展的十字路口,是继续实行多级法人的管理体制,还是建立同股同权的统一法人体制?交通银行必须尽快做

关于印发《交通银行统一法人体制实施办法》和《交通银行折股实施细则》的通知

出决断。1994年,在人民银行的支持下,由王明权行长直接主持讨论,经过利弊分析,反复权衡,交通银行决定统一法人体制。原来各分支行都是各地入股办的,有利润你自己决定留还是分,多分还是少分。那么作为一个法人,统一的股价怎么来定?全行上下都要进行测算和折股。这个工作量是非常大的,而且时间很紧,测算结果出来以后,还要与各分支机构沟通,一家一家去谈,一个一个地过。全行统一法人的过程是很艰难的,但最终实现了初衷。现在回过头来看,如果当年没有采取统一法人这一重要举措,交行完全有可能被风险的风浪吞没。

机构设置改革,顺应了国家发展战略与现代商业银行发展方向。交行重新组建之初,对分支机构的管理,打破了传统计划经济的模式,摆脱了按行政区划设置的束缚,当时的讲法是按经济区域来设立管辖行。比如,上海分行不仅管辖市内机构,还管了浙江的嘉兴、湖州支行,南京分行管辖了江苏部分机构以及安徽省内的所有机构。而辽宁省有两个管辖行,沈阳分行管到吉林、黑龙江,大连分行管辽东半岛的机构还有烟台、秦皇岛。这与当时国家重点发展长江三角洲、珠江三角洲和环渤海湾战略是相吻合的。

随着国家战略的调整,这种机构设置管理难度比较大,沟通成本也很高。我印象较深的是,2002年底带队去吉林省的四平、辽源、通化支行,处理因机构关闭、员工下岗引起的集体上访。事态比较严重。为了取得吉林省政府的理解和支持,去向省政府领导汇报时,辽宁分行行长代表管辖行出面了。当时分管金融的副省长就表示不理解,为什么吉林省的银行机构要由辽宁省来管?从交行内部管理来说,管辖行与辖属行之间存在不能协调一致的问题,也不利于发展和监管。蒋超良董事长来到交行后,于2004年10月部署了机构管理的调整任务,决定按照全国的行政区划,以省为界来确定各管辖行的管理范围,由省会城市分行接替原来的管辖分行,来行使对全省分支机构的管辖。虽然如此,但当时管辖行的名称没有改变,仍保留省会城市的名称。2005年5月,我到西安分行去当行长的时候,那里有一个辖属行——咸阳分行。虽然咸阳离西安很近,但西安有西安的银监局,咸阳有咸阳的银监局。我们到咸阳去检查经营管理情况,还要解释西安分行和咸阳分行是管辖与辖属的关系。否则他们不理解。后来我们去延安、榆林等地去拓展业务,当地市委市政府都对西安分行的人去他们那里发展业务感到不理解。为适应这种情况,便于推进全省业务发展,我就在名片上的"西安分行"后加个括注,注明"陕西省",以此说明实际上西安分行就是交行"陕西省分行"。后来,总行领导向银监会提出,交行的机构既然已经按照行政区划来管辖了,那么名称是不是也作相应改变。到了2009年1月,胡怀邦董事长在任时,经过银监会批准,交行全国29家省分行名称统一调整为省分行,这就为推进业务发展、理顺管理链条创造了良好条件。对于这一调整,现在还有些争议,但我认为衡量一种管理机制,关键是要看其是否符合中国特色社会主义的国情,是否符合现代商业银行经营发展原则,把某种机制固化起来,也容易产生"僵化",毕竟在这个时代,"变"是绝对的,"不变"是相对的。当然这是我的"一家之言"。

四、实行干部交流挂职,既是培养人才的重要途径,也是提高经营管理水平的重要举措。1998年初,我作为总行第一批下基层挂职锻炼的处级干部,到郑州分行担任副行长。基层行的实践,使我越来越理解总行派干部去分行挂职锻炼的重要性和必要性。在那里工作的两年八个月,使我了解了商业银行的经营管理,提升自身素质,还有利于进一步加强总分行之间的相互联系与沟通,上下齐心协力,共同推进交行事业发展。在基层挂职锻炼期间,有些事让我印象深刻,至今难忘。

一是当时郑州分行风行一句格言:"无功便是过",并以此为标杆,评判每个干部员工。郑州分行每年都要进行一次干部考核和民主评议,然后对干部作适当调整,做到能者上,平者让,庸者下,有一大批年轻干部因此脱颖而出。当时郑州分行的中层干部年龄大多三十来岁,学历本科以上,工作干劲十足。在郑州分行因工作不适应而调整的干部和因业务完不成另行安排工作的员工,几乎没有不服从重新分配的,都表示只要能在交行干,干什么都愿意。郑州分行内部人才留得住,外部人才引得进,只要你是人才,肯好好干,就一定有用武之地。我认为这种文化应当加以推广,蔚然成风。

二是搞商业银行就要有敬业、务实、高效的强烈意识并化为实际行动。记得到郑州分行报到的第一天,开完见面会后马上就换行服、制胸卡,当晚接待来宾时已经完全是郑州分行的装束了。后来在与郑州分行干部员工的广泛接触中,体会到这种认真和高效并不是个别人的表现,而是全体员工自觉行为,是与敬业务实精神紧密联系的。敬业务实是基础,是发自人的内心,不仅是员工,连门卫、服务员等临时工也都能做到了。而这一点,对我以后回总行办公室工作,特别具体组织协调2008年交行百年庆典的重要活动,也有积极影响。当时在筹备香港、北京、上海三场重要活动的过程中,我们团队就是用这种精神打赢了时间紧、任务重、要求高的三场战役,介绍交行的业绩,弘扬了交行精神,打响了交行品牌,进一步提升了交行市场形象,赢得各方赞誉。

2008年4月23日,交通银行在北京举办百年华诞庆典

三是要倡导"超越客户需求"的管理理念。当时郑州分行这一理念的确立,并不是哪一个人要标新立异,独树一帜,也不是为了弄个花架子闹哄一阵子,而是从当地金融业发展的实际出发的,是形势所迫,环境使然。我原先在总行工作的部门不是业务部门,平时和具体的业务接触也不多,对基层行开展业务的情况更不了解,当然也就感受不到基层行在市场竞争中遇到那种压力。比如,我在当《新金融》杂志编辑部主任时,郑州分行邓世敏行长曾写过一篇题

1996年出版的《新金融》杂志

为"金融服务要超越客户需求"的文章,在我看来满足客户需求就够了,还要去超越,你搞超越,客户是否能接受? 不明其中深刻丰富的内涵。到郑州分行后,我理解到超越的其中一个含义在于创新,只有不断创新,才能在激烈的竞争中立于不败之地。总行将郑州分行作为首批综合改革试点行后,郑州分行修订了三年计划的一些指标,任务有相应的调整。但每次调整,肯定是围绕客户需求进行自我加压。郑州分行内定的各项业务指标一直都比总行下达的还高很多,要求全行上下"跳一跳摘桃子",不达目标誓不罢休。

2000年9月,我回到总行办公室工作。四年后再次向组织上提出下基层的请求。经党委研究决定,2005年5月,委派我去西安分行担任行长。正因为有过在郑州分行挂职的经历,所以抓经营管理还是比较得心应手。我们在业务发展上不做虚功,脚踏实地地完成各项指标;在风险处置上敢动真格,克服困难啃硬骨头,千方百计促使不良率大幅度下降。尤其在干部管理上,注重人才的培养、选拔与使用,不拘一格,用其所长,发挥其能,收到很好效果。后来我结合陕西省经济发展的实际情况,提出

"立足西安扩大阵地,面向全省抢占市场"的发展口号,在陕北能源基地榆林设立分行,由此把业务规模推向一个新的高度。现在随着陕西分行机构在全省铺开,业务全面开花,管理水平也不断提升。分行连续几年排在优胜行之列。

寄语交行

交行重新组建已经30年了。这些年来的奋斗历程充分证明:改革赋予交通银行勃勃的生机与活力,交通银行的不凡实践也为改革作出很好的诠释。殷切地希望百年交行的品牌继续发扬光大,真正成为中国金融业的佼佼者。继承百年基业,再创新的辉煌,是我们每个交行人的衷心期盼。

沈绍桢

交通银行业务处理中心原总经理

    1987年交通银行重新组建,需要各类的专业人才,人事部门决定从上海在外地插队落户的知青,现在银行工作的,具有一定金融知识和银行工作经历的人员中招聘一些人。交行招人第一条,就是愿意参与金融改革,投身到银行的改革中去;第二条就是要有银行工作的经历和金融知识。

    我很荣幸,有机会从中国银行吉林省分行调到上海交通银行总行工作,为交行发展尽自己的微薄之力。当时一共招聘了十对夫妻。交行为我们这十对夫妻办理了户口,迁落到上海为交行工作。我们都很感谢交行,那时候进上海的户口是很难的。

    交行是重新组建的,是头一家改革的股份制银行,是金融改革的试验田,这一点非常吸引我们。它没有其他专业银行的一块固定业务,所以需要去竞争。这个对我来说是很有挑战意义的,所以我喜欢。我在交通银行工作的岁月,最难忘的是在香港分行、纽约分行工作的那些日子。

存续百年行史,香港分行回归

对交通银行总行来说,香港分行是个非常重要的分行,可以说是传承了我们交行百年的金融历史。香港分行建于1908年,1934年恢复经营后,一直持续经营到现在。我记得当时交通银行香港分行是香港中银集团下属的13家姊妹行之一。

1934年位于中环雪厂街的交通银行香港分行

1985年的时候,顾老(顾树桢)他们去香港考察,交通银行香港分行在中银集团里面是排名第二,总的业务量和利润仅次于中国银行香港分行。

当时交行香港分行是一个全牌照的银行,特别是在外汇交易业务上,在同业中是比较强的,有一定的份额,是香港港元汇率的报价行之一。我们大家都知道,因为港币跟美元是联系汇率制,所以当时来说,我们的香港分行资金部的人也比其他行来得多,业务量也比较大。

还有一块业务就是国际贸易的融资业务。大家常说信用证、托收、贸易贷款,通通都在这里面。因为当时来说是刚刚改革开放,香港转口贸易也做得很大,所以把这块贸易融资业务也带上去了。这块业务也是我们的强项。

我头一次到香港分行工作,感觉跟内地有很多不同之处。首先,香港是一个开放的市场,竞争很激烈,银行之间的竞争也很激烈,而且价格的波动也很大,很快,需要各家银行对市场的变动做出灵敏的反应,这是第一个。第二个,它的外汇是自由流动的,资金很快就流出去,然后很快又流进来,流动性非常强。而且当时香港居民的存款绝大多数是短期的,一个月以内,好多都是活期,随时要用的。第三个,香港是一个国际金融中心,它的金融机构多,而且金融产品种类在当时来说也比我们内地多。第四个,就是监管比较严。

交行重新组建初期,香港分行应该算是最大的一家分行,人也最多,人才也最多,对内地行各类人才开展培训是香港分行义不容辞的责任。对于这一责任,从香港分行的管理层到熟练的员工,都有清楚的认识。香港分行经常派一些同事在内地分行的国际业务部帮着一起培训,或者是在一个分行住上几天,手把手地辅导。这对交行各分行国际业务的组建和发展起了很重要的作用。所以当时来说,交通银行的国际业务比国内其他几家银行发展得快,而且市场占有率也比它们来得高,香港分行功不可没。

1988年香港交通银行发展"批发"业务,成立投资银行部

关于交通银行重新组建以后对香港分行的管理，中国银行跟交通银行互相有协议，就是由香港中银集团代管交通银行香港分行。因为那时候是在1997年香港回归之前，还是港英政府管制的时候。我们判断这个时期市场的风浪会大一些，所以在集团里面，13家姊妹行在一起，更有利于抵抗市场的大风大浪，使我们能够很好地去完成香港回归。所以在这时候香港分行的行政管理都是由香港中银集团港澳管理处在负责。

境内外分行联动，实现共同发展

境内外分行联动，国际业务和国内业务联动这些概念，我们总行高管层在20世纪90年代的中期就提出来了。这是我们总行从指导思想上提出的联动战略，在香港分行这个层面，我们想的主要是境内外分行的业务联动，把它具体化，变成了一个比较大的种类，大家一起去发展。我就按照业务开展的顺序，简单作个介绍。

第一点，刚开始的时候，我们互相介绍客户。比如说上海实业是香港分行的老客户，南洋烟草，就是做红双喜牌香烟的，也是我们香港分行的老客户，如果他们在上海有业务，我们就可以跟上海分行联系，上海实业跟南洋烟草都是上海的公司，他们在上海有什么需要，我们可以介绍上海分行为他们提供服务。所以我们通过互相介绍客户来为客户提供服务，对客户进行征信调查，如果客户有项目需要融资的，需要进行国际贸易的，我们内地分行就跟香港分行联合起来一起做。

以后就逐渐发展到第二点了，就是我们大家组成银团贷款。我们来牵头，大家来参与。这种银团贷款，其他的银行也可以一起参与，大家一起来为这个项目或者为这家客户融通资金，为我们经济建设引入外汇资金。

第三点，信用证业务与国际结算业务。香港分行历史比较悠久，代理机构、代理行多，这方面的人才也多一些，内地分行碰到一些疑难问题，我们可以辅导，提供帮助。我们还可以为内地分行转开信用证。他们那边没有代理机构、代理行，或者他们不了解那边的一些情况，所以就把这项业务转到香港分行,由香港分行来替他们转开这个信用证,提供这些服务。

那么再进一步发展,就是第四点,我们通过四方协议为中资企业境外的子公司解决资金需求。"四方协议"指的是哪"四方"呢?就是境内分行、境外分行、境内母公司、境外子公司。我们通过四方协议为中资公司在海外的发展提供我们的金融服务,提供授信业务。这就是我们现在做得比较多的,我觉得是我们业务上的优势。

第五点,因为我们是综合化经营的、混业经营的,那么我们内地分行这些客户需要到香港去上市,IPO,我们正好也有自己的证券公司、投行,那么我们在内地分行的介绍下,和我们的投行一起参与,帮助我们内地行的客户在香港上市。我记得第一次在港交所上市的内地企业就是青岛啤酒,市场反应非常好,后来越来越多的内地企业在香港交易所上市。

此外,我们的混业经营所提供给客户的金融服务,应该说也是我们一个比较成熟的、具有优势的产品。这项产品发展到现在,不断提升我们针对客户需求的专业服务,我们叫作"量体裁衣"。客户提出需求,我们的境内行、境外行,连同我们的投行、信托、保险、租赁公司,合在一起去为客户解决问题,解决客户的资金的需求,或者提供其他的金融服务,这就发挥了交行的整体优势。

以前我们跟太保、海通都是交行的全资控股公司。我们跟太保、海通不仅仅是人员熟悉,相互之间的业务也很了解,也有共同客户。既是太保的客户,又是我们的客户,那么我们就很方便地为他们提供服务。客户到银行来出保险单由太保办理,我们就审单,再把这个单子寄到对方银行去。这样客户也比较满意。

海通证券刚到香港市场的时候,他们也是派人在我们交通证券公司里办公的,跟我们在一起。可以说我们是一起成长的,大家相互都很了解,他们也了解我们的客户,了解我们市场的运作。这也为海通后来在香港的发展奠定了基础。现在海通在香港发展得蛮快的。

多项前期准备工作，全力保障香港分行回归

1997年香港回归以后，我们交通银行香港分行也可以准备回归总行，这期间我们做了大量的工作。

第一，交通银行总行领导是非常重视的，多次带着总行主要部门的负责人到香港分行实地考察、调研，建立了一整套回归总行管理的方案。

第二，总行也做了充分的准备。他们把原来属于中银集团港澳管理处的管理职能，比如说人事管理、财务管理、授信审批、定价、业务发展规划等，转到了总行的各个相关部门，保证香港分行能够持续地经营运作。

第三，在总行的领导下，香港分行的总经理室成员非常重视这件大事。总经理在培训中心亲自为员工分十次讲解回归总行的意义和重要性，以及对我们交通银行香港分行发展的好处。我们总经理还给每一位员工写了一封亲笔签名的信，让员工对这次香港分行回归总行管理更有信心，而且能够围绕在香港分行的总经理室周围，一项一项地把方案中各环节工作顺利推进。

第四，在总行的帮助下，香港分行制订了发展蓝图。要在回归总行管理以后还能够持续发展，保持并扩大市场份额，还要留住我们当地的这些素质好的员工。首先要让员工看到发展的前景，才能有凝聚力！

我们制订了3年发展10家支行的规划，支行从30家发展到40家，填补了一些地区网点的空白，那么我们的机构网络在香港主要的地方基本上都有了。

此外，因为我们是综合化经营的，所以在总行的领导下，在1999年建立了由中国证监会和香港证监会共同批准的中资证券公司。香港回归后，这是头一家。现在证券公司改成了交银国际，2017年5月已经在香港证券交易所上市了。中国交通保险有限公司也于2000年11月1日成立，2001年2月9日改名。

综合化的经营能够为我们客户提供一站式的服务。同时我们这些综

合化的服务也为我们境内分行在境外的客户提供便利,帮助他们用好我们的金融服务。

在规划当中,我们又提出了向新的业务发展。当时香港立法会通过了强积金的法律。"强积金"就是"强制性公积金"的简称。同时,香港还成立了强积金计划管理局。

对这项新的业务,各大银行都很感兴趣,当时很多银行、保险公司提出,他们要拿强积金业务的牌照。这个牌照很重要,这一批发了,以后就不知道什么时候再发,所以一定要在第一批发的时候就拿到。我们香港分行在总行的领导下,选了一些业务比较强的管理人员和员工组成了管理团队,通过各项考试检查,取得了第一批的强积金业务的牌照。

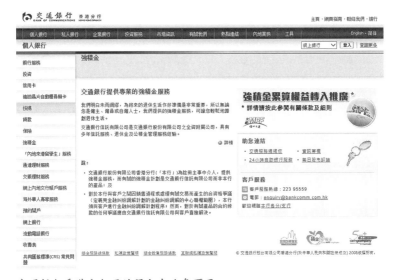

交通银行香港分行网站强积金业务页面

这也为我们将来在内地开展养老金业务积累了经验。香港分行开展强制性公积金的业务,几年以后,总行就成立了托管部,托管部有一块养老金的管理业务。因为我们香港分行有强积金业务的牌照,我们还有人才。当时就把我们负责强制性公积金这块业务管理的总经理助理借调到上海总行,让他来拟定规章制度,帮着一起做一些产品的设计。这是我们规划的整个发展的蓝图和前景,我们按照这个蓝图一步步推进。

第五,我们在总行的领导下,与内地分行更加紧密地合作。现在是统一在总行的管理下,由总行的各个管理部门负责牵头,组织我们和内地分行一起开会,一起互动。人员的交流也比以前密切了,互相介绍客户也更加多了。

我们经常为了一些大的项目,把香港分行和内地分行的同事召集在一起,大家共同来讨论客户的需要,看怎么把客户需要转化成我们的金融服务,有哪些产品我们可以给客户,客户需要满足我们一些什么条件,我们帮他们一起做。所以在与内地分行的合作与联动上面又更上了一个台阶。

第六,为什么香港回归以后,我们回归总行的准备工作时间做得比较长呢?其中最重要的就是电脑系统。在回归总行管理之前,我们用的是香港中银集团的电脑系统,就是13家姊妹行都在一起的。这个电脑系统已经发展了20多年,非常成熟,我们的员工使用这套系统也非常熟练。客户也都非常熟悉这个系统,比如他怎么提款,怎么办业务,客户都习惯了。

我们回归总行管理后,就必须建立自己的一套完整的电脑系统,包括自助银行系统、电话银行等,是一个很大的系统。总行选调了一批专业人才到我们香港分行来工作,在总行的帮助下,我们整整花了4年时间,从头到尾开发了一套适合我们交行香港分行和客户使用的电脑系统。

这套电脑系统是在2002年的春天投入使用的,接下来东京分行也用了我们香港分行的这个系统,我们称为境外分行的大集中系统。以后逐渐就在各个境外分行推广使用。这套电脑系统满足了我们客户的需求,同时能够支撑我们业务的发展,而且还把我们多年在香港经营管理的理念,也嵌入到这套系统里,所以,这套系统很成功。

第七,在总行领导下,我们香港分行制订了一套完整的应急方案跟对策。因为当时来说,监管当局有要求,管理层要设想到很多的情境。比如哪些情况会影响到我们的经营，影响到我们的客户，影响到我们筹集资金的一些渠道。我们要针对这些情境一一设置我们的应变方案。方案制订好之后，还要监管当局点头同意。

这些应变方案不是写在纸上的，是需要我们员工能够熟悉掌握的。所以要把员工动员起来，让员工都知道。比如客户围到柜台上了，我们怎么样去应对；客户排队排很长了，我们怎么去应对；外面市场上有造谣的，我们怎么去应对；媒体来采访，我们怎么去应对；我们的流动资金要保持多少；一旦有大量的提取，我们资金从哪儿来？这些都做了充分的准备，总行也给予了我们很大的帮助和资金的支持，我们可以备用这部分资金。

我们通过一系列的应急演练来检验这个方案，目的是使我们指挥系统能够更高效，我们的流动资金能够做充足的准备，我们的员工能够积极参与，熟知这些方案，能够落实到自己的岗位上。经过充分准备，确保了我们圆满地回归总行。

第八，在回归总行管理过程中，我们始终得到香港监管机构的指导、关心，还得到了中银集团的大力配合，这才保证了我们香港分行圆满地回归总行管理。

我从当时的经历总结了这么八条。回归总行后，我们香港分行的行徽啊，标志啊，就变成了我们交行的标志，颜色也从以前的红色，变成了我们现在的交行蓝。

金融风暴引发思考

我们香港分行有位老总，他经常跟我说："小沈啊，要成为一个真正的银行管理人员，起码经过两个经济周期。"就是我们说的"马鞍形"。我以前对他的话不太理解，但当我亲眼看到、亲身经历了1997年亚洲金融风暴，我才对他这句话有了比较深的体会。

那次亚洲金融风暴对银行的影响非常大，抵押品价格都下降了，借款人还不出钱来，资产往下贬值。以前我也没听说过"负资产"这个词，说有人资产几十亿元，转眼间会变成负几亿元，负十亿元，在这场亚洲金融风暴里面都看到了。以前那些大商人，都是银行求他们，现在他们反过来求银行，让银行不要追债，不要去卖他们的股票。银行这段时间的经营也是非常艰难，要处理大量的不良资产。

当时我们老的银行家一再对我们强调，要把香港的联系汇率制守住，不能让那些投机者冲垮联系汇率制，银行有责任守住联系汇率制。最终香港守住了联系汇率制，保障了我们人民币不贬值。另外在股市上，我们直接跟投机者，就是资本大鳄进行了一场战斗，最终我们渡过了这场金融危机。

亚洲金融风暴在我的职业生涯里留下了非常深刻的印象。我觉得对社会、对银行来说，金融危机是一个普遍现象，所以时时提醒自己要保持清醒的头脑，要居安思危。作为银行经营管理人员，只要你从业时间够长，一定会经历这个经济周期，这里面就可能有一场金融危机，在危机中我们怎么样能站得稳、站得住，就是对我们最大的一个考验。

现在看什么事情都顺顺利利的，这个房价也是很高，可是它说不定有跌的一天啊，跌的那天，你银行怎么办？这个就要我们有居安思危的意识。

我们现在主要是大城市的房价高，在我看来，确实按照原先的指标你多少年的工资可以买一套房，现在来说是远远超过正常范围了。现在年轻人买房子，确实承受很大的压力。但我们中国的情况又不一样，跟国际上的情况不一样，在中国，年轻人买房父母还会帮助一把。

关键的问题是就业。金融风暴来了，失业率很高，每个月要还的贷款他还不出来，这是最大的问题。所以国家每年政府工作报告都是要保就业，就业是关键。如果我们能够充分就业，我们的工资水平能够持续往上走，那问题就不会太大。我记得2008年我们国家的经济政策上有大的项目，要资金。一下子银行都放了很多资金，也就是这个原因，要保就业。

我们银行的抵押率现在还是七成,第一套房七成,这样对银行来说风险比较小,不能再变相提高了。所以就这几条来说,我们银行对这块贷款还是比较稳健的。

交通银行总行对我们香港分行,包括其他境外分行的管理是非常稳健的。我用了"非常稳健"这个词。总行把我们逐年的利润变成了准备金,把特殊准备金率提高了,所有的不良资产我们都能够去消化它。所以说我们能够渡过金融危机这个难关,跟我们交行的稳健经营有关。

抵御金融风暴最好的办法就是银行本身是健康的,你的资本金是充足的,你的不良资产是能消化掉的。不良资产各家银行肯定都有,而且都会不断累积提高,你有能力消化这些不良资产,这就是健康的。所以世界各国的监管机构都要求银行有充足的资本金,覆盖率能够达到多少,就算出现了一些有问题的贷款,要能把不良贷款覆盖住,能够处理掉。

调任纽约分行,服务中资机构

1994年9月,我从香港分行调往纽约分行,一直到1997年,担任纽约分行的主要负责人。纽约分行是我们第二家境外分行,第一家是香港分行,这是在重组以前,重新组建以后,纽约分行是第一家。

纽约是最大的国际金融中心,我们纽约分行的办公地点最初是在世贸中心,1号楼的29层。我去之前,好像是1994年的春节前后,世贸中心发生汽车爆炸,爆炸造成的烟雾充满了整个大楼,员工就顺着楼梯一层层地走下来。所以之后世贸中心又加强了安保。这样子一来,我们的客户进出都很不方便,特别是我们从国内到美国去的代表团,要到我们这边来看看,要办理一大堆手续。我们语言还不通,当时总行领导就很有远见,叫我们搬出世贸中心。

于是我们在1995年就搬出去了,搬到了华尔街跟百老汇的交界口

华尔街百老汇交界口上的交通银行纽约分行指示牌

上,就是我们现在纽约分行的这栋楼,在29楼、30楼。所以"9·11"事件中,我们没受到损失,要是还在世贸中心,那后果不堪设想。

那时候在纽约的中资银行也就两家,一家就是中国银行纽约分行,一家就是交通银行纽约分行。那时候来访的也比较多。大家都很关心这两家分行,尤其是金融界,都很关心,因为这是改革开放以后中国的银行在纽约的窗口嘛。

那时候我们按照总行的要求主要是服务好我们中资机构在纽约的子公司和联营公司。其次就是发挥我们国内行的国际结算的优势。因为很多信用证到美国的,那通知就由我们来办了。我们又从通知当中发现一些客户,争取把这些客户发展成为我们纽约分行的客户。我们在国际贸易这一块业务上的人力也是比较充裕的,业务发展也是要强于其他业务。第三块业务是美元清算业务。总行希望我们逐渐成为美元清算行。当时国际贸易的80%~90%都是用美元清算的,所以我们专门成立了一个清算部来负责美元的清算。

我们当时在纽约是受美国监管的。美国监管当局对电脑系统有很高的要求,所以我们买了美国一家大公司的一整套系统,进行了客户化改造。我们采用的这一整套系统,得到了美国监管当局的同意,他们也给我们评级了。

在组建初期的时候,因为监管不同,我们是属地化监管,所以我们要根据当地的法律法规制订一套完整的规章制度。按照这套规章制度,再自我制约,自我发展。在日常业务上面要按照这一套自我约束的管理机制去做,当时来说,制订这套制度也是花了很多时间的。

作为纽约分行来说,处在国际贸易中心,是国际金融中心的心脏地带,又是交通银行第二家境外分行。而且跟香港分行不同,香港说英文、广东话,纽约全是说英文的。纽约分行还承担着为总行输送境外分行管理人才的责任。就像我们以前纽约分行的国际结算部经理,现在是法兰克福分行的总经理。

反洗钱这方面,美国监管得也很严。美国有制度,有对合规人员的要求,要求这个岗位上具体做些什么,在电脑系统里面要收集什么信息,通过对这些信息的分析,要向监管部门上报哪些可疑信息,等等。所以这一套反洗钱的经验跟制度,以及运作当中的管理,对总行也很有借鉴意义。

交通银行纽约分行所在大楼

注重传承培养,发扬工匠精神

我在中国银行的入门师父很注重对我们新进行员工的培养,我们现在叫"工匠精神"。对于一个刚刚入行的新行员,师父要求我们1分钟时间内打字120下。国际贸易上的函电,也不跟你多讲了,你每天去看,每天去背。背了以后,一看这些单证,马上就能反应出来是属于哪种类型的,是属于什么问题,用英文怎么表示,然后你就可以自己去打了。现在都有电脑,有范本,那时候没有。那时就是培养一种"工匠精神",起步的时候必须要认认真真地,一步一个脚印地去做事情。另外,入门的老师又把他过去几十年的经验传授给了我们,让我们传承下去。

我到了交行之后，就感觉到交行也是很注重传承的。我们总行我那个处当时就请了两位老同志，上海人叫"老法师"。一个是以前中国银行做国际结算的老同事，后来到财大当教授，他退休了，交行请来作顾问，就坐在我旁边；还有一个是我们金融专科学校的姚老师，现在是金融学院了，姚老师是我们中国银行业信用证方面非常权威的一名专家。

当时我业务上有什么问题，就向他们请教。我写的英文信件和电报都给这两位老顾问、老专家来看，这让我提高很快，等于拜了两位师父。我个人管理能力和知识面的提高，对分行来说，也能带动分行业务的发展。

1991年总行把我派到香港分行。香港分行的总经理是上海人，以前是中国银行上海分行的副行长，在香港待了好多年，很有经验。我去了以后，他首先把我安排在办公室，另外加一个他分管的资金部。因为我们香港分行的外汇资金业务量大，去了以后他说平时工作很忙，但有两个时间他留给我。

第一个时间算是他对我的培训，就是任何送给他签批的业务文件，他给我时间，让我先看，我要想好这份业务材料给总经理看了以后他会批什么，批完以后送出来，我再看，跟我所判断、分析的是不是一样。整整三个月，他就这样带我，这样一来，我接触的业务就非常广，资金啊，授信啊，国际结算啊，等等，大部分业务都能看到。

另外还有一个时间，就是每个月到他那里去，他给我理发，理发之后可以当面向他请教，问一些问题，他来给我解答。这是他对我们这些从中国银行到交通银行的年轻员工的培训。我在香港分行一直工作到1994年，他就带了我整整3年，手把手地教我。

我去纽约分行的时候，总行也请了一个老同志当副总、顾问，也是从中国银行退休的，退休前是中国银行伦敦分行的副总。在业务上碰到什么问题、困难，我们经常坐在一起商量，他用他的经验给我们提供建议，供我们作决定。

所以可以说我走过的路,都是由这些老同志带着的。

寄 语 交 行

交行还是要继续适应经济发展和体制改革的需要,通过竞争,充分发挥金融的功能。只有竞争才能创新,才能有发展的动力,才能更好地为国民经济建设提供金融服务。

杨言家
交通银行储蓄部原副总经理

回沪支援交行，开展储蓄业务

戴相龙行长是在1990年调到交通银行的，他是有雄心壮志要发展交通银行的。到了交行之后，他先是看到交行人员也很少，业务量也比较小，向人民银行求援，要求从全国各地调一批人。

当时人民银行发来一个文，说交通银行要发展业务，需要一批业务骨干。具体有几个条件：第一是要高师（高级经济师），第二是处级以上，第三是江、浙、沪，就是江苏、浙江或者是上海人。因为当时发展不像现在这么厉害，人员限制，流动还比较少，不是江浙沪的人，不太容易听懂这里人讲话。另外年龄好像也有一个限制。

当时我也看到这个文。我为什么会来呢？因为我的家在上海，而且我的两个孩子都在上海。所以我一看到这个文，我就说，那我要去的。因为我在建设银行湖北省分行当处长，我先生在人民银行当处长，他是比我更老的"老银行"，商量了一下，为了全家人能够在一起，所以我们就过来了。我们到交行来的时候，有好多"老法师"，都是从上海各个行退休的行员里面请来的，各处室都有。

过来以后，业务部门里会计部是老早就有的，计划部已经把信贷部分出来了，但是信贷部里面还没有明确的业务划分。我来了以后就担任存款处长，具体来讲就是抓私人存款，也就是储蓄。所以实际上就是储蓄处的开始，张夏阳可能也会讲，他们是信贷处，我们是存款处。所以真正要说起家的，实际上是我跟戎琴芳，另外请了一个"老法师"——工商银行退休的顾多娇，就是我们三个人搞储蓄，"叮叮咚咚"把储蓄搞起来了。

存款处建立以后，下面各个地方、各个省市分行也成立了储蓄部门。这样开始私人存款就由储蓄处抓，对公存款由信贷部抓。所以1992年的时候，我们储蓄上一个雏形就形成了，我们私人业务这一块就动起来了，一条线慢慢地就建起来了。

三年精心筹备，信用卡顺利首发

戴行长那时候发展业务很积极，他觉得基本业务差不多都办起来了，但是还是不全，他想搞信用卡。当时要搞信用卡的时候，行长找了几个部门一起开会，信贷部、财会部、计划部一起开会商量这块业务怎么搞。开会的时候，我提出这是一个核算方法，应该由会计部来弄。当时抓这块工作的是陈恒平行长，他就说："老杨，你不要把这个工作压到会计部，我想还是你们信贷部担起来，为什么呢？财会上面工作太多了，他们核算的工

戴相龙

作量非常大,所以让他们抓的话,恐怕这个业务是搞不起来的,还是你们信贷部抓。"

我回去跟我们的老总顾德胜汇报了。顾总就是信贷部成立以后,从人民银行新疆分行副行长位置上调过来当信贷部老总的。我跟顾老总汇报说,这个工作开会的时候行长是这样说,要我们信贷部抓起来。但是我们这个工作现在都是人手缺得不得了,力量也不够。

所以这个时候我们从工行又招了六个人过来,这些人现在大都是业务骨干了,张心良、李春华、姜明、刘立志,还有两个,一个走掉了,一个到招商去了。分给我们储蓄上一个,就是姜明。加上从学校毕业分来的朱曼莉等,我们就有四五个人了。储蓄刚刚搞起来,现在又要加一块信用卡的业务,但是行长把业务交过来了也没办法。另外信用卡这个工作实际上一定要用电脑的,对技术要求很高,所以电脑部也加入一起配合。以前我们还没有实现通存通兑的时候,储蓄业务全部都是手工的,存一笔钱、取一笔钱就是传统的银行业务。

即便这样,人还是不够。因为信用卡这个业务实际上要发信用卡,戴行长是要发信用卡。因为1990年我们成立不久以后,代理银行、代理收单这一块业务已经在做了,但是业务量是不大的,主要还是中国银行。所以我们发卡以前就已经在做收单业务了。现在自己又要发卡,又要把收单业务扩大,这个任务还是比较艰巨的。

后来又调了一个人过来,叫刘荣宗,从外汇业务过来的。后来因为我说做这个信用卡恐怕还要一个外文稍微好一点的,刘荣宗介绍说杨德钧可以,所以我就讲再调一个吧,这样把杨德钧调过来。所以真正搞起来的时候就是这么几个人。因为姜明跟我一起做储蓄有一段时间了,所以就以我、姜明、刘荣宗为主,我们到各行考察。

发信用卡最早的是中国银行,在1986年就发了长城卡。中国银行是一个对外的银行,所以它接触信用卡业务也是最早的。但是后来追赶上来的是工商银行,因为工商银行网点多,人员也多。实际上在分家以前就一家银行,就是人民银行。第一家分出来的就是工商银行,所以工商银行的时间最长,它的业务发展、它的人员素质相对来讲是比较好的,它的人才也是比较多的。在这样的情况下,工商银行发卡虽然比中国银行晚三年,1989年发卡的,但是规模马上就上去了,所以这个跟人员的素质还是很有关系的。

于是,我们就到北京向工商银行取经。当时我们是信贷部和电脑部两个部门一起去的,电脑部派了虞衔。就是我、虞衔、姜明,再加上刘荣忠,四个人一起去的北京。因为我们一点都不懂,信用卡是个新的业务,所以我们就去学习,学习回来就讨论怎么搞。

1993年初的时候,戴行长就找我谈话了,准备把我提拔起来,将来信用卡部要单独设立的,现在先放在信贷部,让我印两张名片,对内我们是信贷部,对外,对信用卡方面的联系时就用一张信用卡部的名片。回去后,我又向我们的顾老总汇报,顾老总说:"啊?怎么没有叫我搞信用卡?没有叫我印信用卡部总经理的名片是吧?"我只能说戴行长有这个打算,他找我谈话的时候是这样说的。

准备得差不多了以后,就在1993年的6月3日,我们在新锦江饭店举行了发卡仪式。当时我们选择在北上广,北京、上海、广州三个行首发。发的时候是从行员开始先发起的。大家试一试,这个业务谁都不了解,而且我们的电脑说实在的,还是比较落后的。这样搞起来的话不太容易,所以发是发了,但是要去发展的话,确实比较困难。

当时我就提出,发了信用卡以后,通存通兑不搞是不行的,使用不方便,业务量也没办法做大。怎么弄法?又急不出来。第一个是人手没有,

1993年6月3日交通银行在新锦江饭店举行交通银行太平洋信用卡首发仪式

我们的人员实在是太少了。第二个是我们的工具也比较落后。第三个是管理也跟不上去,所以我说实际上我们都是先搞工作后抓管理的。

首发以后就开始制订信用卡的管理规则。一条一条慢慢地建立起来。我们是想把它搞好的,因此我们采取一些办法。比如对每个行,发卡以前,我们去验收一下,就是看看你的准备工作做得怎么样,基本条件有没有。看了以后要对他提出很多要求,还要怎么改进。就这样验收一个行,发一个行,慢慢做起来的。一直到1995年、1996年我们各个行基本上

交通银行太平洋信用卡宣传广告

都发卡了。

我们发卡应该说还是比较早的,但是发展不是太快,过程比较困难。发了信用卡以后,我们跟其他行也能够并驾齐驱,跻身于几个大行的行列了。原来就是工、农、中、建,四大国有银行。我们是第一家股份制商业银行,但是我们的资金主要也是国家的,财政为主,所以我们这个行可以算是第五大银行。

信用卡业务受阻,坚持推行通存通兑

1993年戴行长调走了,接下来这一段时间,我们的信用卡业务发展比较平淡吧。就是比较闷,发展不是很快。王明权行长那时最担心的就是怕信用卡搞得不好,出问题,因为那时候中国银行不是出过问题吗?所以势头已经没有戴行长在的时候那么高了,形势不一样了,我们就在管理上面抓得比较狠一点。我们开始办培训班,写操作规程,然后办POS授权班,就这样一步步地过来了。

在信用卡业务不怎么受支持的情况下,我们就提出发展储蓄。储蓄还是我抓的。这块业务王明权行长还是很重视的。那时候就调了一些人过来,包括财会处的胡国宏,还有刘立志,都调过来搞储蓄。发展储蓄也有困难,当时的情况下,不是通存通兑就要搞网点,那么网点多了,又要影响效益,这也不是出路。所以我提出我的看法,我说:"我们要抓储蓄,就算不搞信用卡,储蓄上也要实现通存通兑,不搞通存通兑没有出路。"

20世纪80年代末90年代初,储蓄业务品种上有个"保值储蓄"。因为那时候出现了通货膨胀、经济危机,为了吸收存款,渡过危机,国家出台了储蓄保值措施,只要存定期存款三年就贴息保值。而这一块贴息实际上不是我们交通银行的成本,是由财政部拨下来的,你搞多少,他补贴你多少。但是有个别领导不清楚,就认为搞保值储蓄要贴息,我们银行会亏本,而且储蓄的利率也比对公存款高,成本高,因此我们银行应该大力吸收对公存款。所以说在储蓄工作上也是有阻力的。

当时我就有一个感觉,我们这一块私人业务的活太累了,吃力不讨好。很多人都说储蓄还搞什么宣传啊,宣传费又要一大块,进来都是零零碎碎的钱,网点还要摊得很大。在这种舆论的影响下,我们是很累的,既要想把业务搞上去,又有一种阻力。其实对公存款我们都了解的,对公存款实际上开销也很大的。

这个时候方行长来了,他是"老银行",他支持。所以通存通兑这个业务在1998年的时候正式上马了。正式上马以后,当时是吴国民总经理主持工作。我就跟他商量,我说通存通兑搞了以后,我们搞两个,一个是卡质,一个是纸质。纸质就是老的,凭证、存折之类的。老百姓想要什么,我们就给什么,要卡的就给卡,要凭证的就给凭证。吴国民也同意我的观点,可以这样做。

实现通存通兑以后,代收公用事业费、代发工资就可以搞了,现在我们多媒体上面代缴公用事业费还在搞。这两块实际上要搞起来,当时存款方面还是会有一定存量的。现在因为我们收了公用事业费马上就转走了,当时可以在我们行里逗留一段时间的,过一段时间再集中转走,这样我们就能够有一块存款。

通存通兑我们是跟联想联合搞的,联想是电脑公司,我们是业务部门。我们提出业务需求,让他们开发。他们也很辛苦的,真的,半夜三更给我打电话,碰到了什么问题。有时候电脑上面他们坚持要那样,不听我们业务部门的怎么办?我就跟吴总商量,碰到这样的情况只好我们去,作为部门一级过去说话作用会有点不一样。所以我们也到南京去,跟联想公司协商,让他们按照我们的要求来。

所以1998年这一年基本上是在开发通存通兑,通存通兑弄完以后,信用卡也就可以上去了。但是我那个时候就退休了。所以1998年正式发借记卡,通存通兑的卡,全国能够上马的时候,我已经不在交行了。所以后面好多东西姜明可能更清楚。姜明他是自始至终参与的,我跟他一起搞调研、学习,信用卡的操作规程也是他起草的。

当时招商银行的发卡力度是比较大的,它的"一卡通"影响很大。所以我们交行要不是有通存通兑的话,那恐怕我们不止落后于一家吧,有了通存通兑我们才有话语权,否则连话语权都没有。所以应该说我们通存通兑发卡还是非常有效果的。

现在具体发展到什么程度,我也不太清楚,因为离开以后基本上就不闻不问了。我在的时候,我跟吴国民的想法是,我们既然是信用卡部门,就应该把内外卡受理、代理的这一块跟我们直接发卡都结合起来,放在一起。现在当然也实现了,我们的信用卡不是外币卡都有了吗?徐瀚原来是电脑部的,他也搞过这个工作,开始的时候主要是虞衔搞的,但是他也协助过。

说实在的,业务部跟电脑部原来是有点矛盾的。因为从业务上来讲,我们希望搞起来就是搞大行,大行搞了才有意思,才能显得出业绩来,小行去试的话,就几笔业务,而且对电脑开发的质量检验也是问题。现在换位思考一下,电脑部也有它的困难,他们试验喜欢搞小行。当时我跟周总,现在已经过世的周总,矛盾很大,我经常跟他争的,倒不是个人层面的争,都是在业务层面的争,争得面红耳赤的。但其实我和周总个人关系是很好的,只是业务上有点矛盾。

寄 语 交 行

我来到交行以后主要就是抓个金这一块的业务,现在的发展是非常之快。我来的时候,储蓄存款才几亿元,太少了,当时发展也困难。人家银行网点什么都已经布好了,我们是夹缝里面钻出来的。当然到后来其他银行都发展起来,现在银行的网点多得像米铺一样,比以前米铺还要多。

  作为交行的老行员,总是希望交行能够很好地发展。我的想法是,我们还是能够跑到招行前面去的,真正的工、农、中、建、交,还是这样的排列。我们现在对私这一块已经落到后面了,希望能够迎头赶上,回到我们真正应有的位置上面去。

赵瑞康
交通银行电脑部原副总经理

电脑部初建立，多方面进人才

1991年4月我从辽宁省计划委员会调到交通银行总行电脑部。当时还叫"电脑处"，总行叫"总管理处"，下面其他部门都叫"部"，就我们叫"电脑处"。当时电脑部我可能是第九个人。电脑部主持工作的是金其佑处长。

交通银行的电子化建设可以说是白手起家，当时还处于比较困难的阶段。一是人手少，二是几乎没有什么全国性的、全系统性的项目。比方说没有统一的会计系统，没有统一的电子汇兑系统，也没有同城储蓄通存通兑系统。戴相龙行长到交行之后,他就知道电子化建设对于交通银行来说是必须解决的问题。戴行长来交行之前是农行的副行长,他对农行的干部很熟悉,当时农行电脑部的总工程师是周禹相,戴行长就想把周禹相带来交行搞电子化建设,担任电脑部总经理,可是农行一时还不能放人,所以周总就在两边挂职。

当时人民银行总行科技部经常召开电子化业务会议,这些会议有的时候金处长参加,有的时候我参加。我到了北京,就会找周总,把我们交行电子化建设的一些情况向他汇报。就这样,交行有什么情况,他要听我汇报,还要代表农行参会,一个人拖两家。

1992年10月15日—19日交通银行电脑工作会议在上海良友饭店召开

一直到1992年周禹相才正式调到交通银行总行,任电脑部总经理。我们电脑部也就正式挂牌了。

从1991年夏天开始,陆陆续续进来了一些大学生,1991年有李庆,现在是总行部门的一个老总了吧,还有陈宇、彭兵。从1992年开始,每年四五月份,周总都要派我去交大、复旦挑毕业生。1992年是复旦管理学院的邬敏,计算机系的郭纯懿。1993年是复旦计算机系的钱菲、李昇。1994

年进来了李华(上海科技大学硕士研究生)、刘雷、包逸尘、杨蔚蔚等毕业生。1995年进来了张兵(交通大学硕士研究生)、许慧敏、宋晓燕等毕业生。

还有徐瀚,现在是我们个金部的老总。他是从老山前线回来的,回来后就被送到上海工业大学读研究生,他是解放军导弹学院研究导弹的本科生,都是部队培养的。他是1991年7月到交行的。后来他就领着另外两个复旦毕业的年轻人郭纯懿、李昇搭建了全行的微机通信网络系统。

当时有一家全球很有名的IT公司要在上海成立办事处,要找一个首席代表,就找到他了。给他开的条件是8 000元的月薪和三室一厅的房子。徐瀚当时就果断回绝了,说交行需要他,如果他一走了之,他手头的工作怎么办?这个系统就建不成了。

另外还有一个是现任巴黎分行行长的张路。当时我们总行电脑部人手比较少,一方面是不断地进大学生,一方面就是从上海分行挖人。其他分行挖人有户口的问题,难度比较大,上海分行相对比较方便。我们就找了当时上海分行的鲁家善行长,挖了两个人,一个是张路,另外一个是胡丹。他们在上海分行也正是风华正茂的时候,领导也很喜欢他们。

张路来了之后,就接手我们的全行报表系统。原来搞这个报表系统的人离职时走得比较急,软件没有充分交接。对张路来说,他的首要任务就是把这个报表系统从那个人的手上接过来,能够正常运行。他来了之后,通宵达旦地干。当时在13楼的D套机房,每天到下班时间了,他却不走,还在电脑前工作,到了第二天早晨不管谁来得再早,在D套机房里面总能看到张路,就问他是不是晚上没回去,第二天又在机房连轴转了。实际上我也是到后来才知道的,我是他处长,在13楼的E套最里面的房间是我的办公室,里面有沙发,他实际上就是晚上加班,到了半夜,困了,就到我办公室去,在沙发上睡几个小时,第二天早晨起来又到机房做,连续这样半个多月。

还有一个就是刘雷。刘雷是1994年从华东化工学院毕业,分配到我们这里来的,现在是软件开发中心总经理了。这个年轻人特别好学,他在1995年负责计划部的资产负债管理,以及十大户的资料汇总这么一个项目,是人民银行计划部下达的,是一个很"突击"的任务。他也跟张路一样,整天就"长"在机房。软件开发出来之后,要对计划部系统进行业务培训。在全行培训,上去讲课的人是这么一个工作还不到一年的小青年,这也是很不容易的。

还有个例子就是李庆,她是1991年到交行的应届毕业生。1993年总行要搞一个外汇系统,选择青岛分行为开发行,总行派她过去。来自各行的开发人员到了青岛,条件比较差,天气比较热,思想不稳定。李庆作为总行派出人员,她自己身体也不好,更替衣服也没带够,她完全有理由回上海一趟,休整一下。她却说:"我不能回的,我一走这帮小青年就散了。"当时李庆也还是小姑娘,也喜欢美,喜欢漂亮。那个项目一去就是三个月,没回过上海,三个月一直在那边,所以说还是很感人的。

研发汇兑系统,实现通存通兑

当时的电脑部周禹相是总经理,我是信息管理处的处长,金其佑老师是业务应用处的处长。周总和我们两个处长组成了我们电脑部的领导班子。

信息管理处负责全行的一些基础设施的开发。比方说我们的 X.25 微机通信网。因为当时交行的通信网络系统在全国同业来说是很落后的,传输速率是每秒 64 kB 的。在当时这种情况下,要建立一个全行的微机通信网,对我们总行、各个分行的管理是相当必要和急需的。所以建立交通银行 X.25 微机通信网就作为信息管理处当时的第一项任务,要实现信息在电子渠道上的传输,这样的话就摆脱了手工报表通过邮寄方式上报和传递,这是一个基础设施。还有一个就是全行的报表系统,包括会计报表，还有计划报表。这个是在 X.25 微机通信网建设的基础上搭建的一个我们交通银行全行的报表传输、汇总处理系统。第三项就是我们总行机关事务办公自动化，员工的个人办公自动化，实现文档一体化管理的应用系统。

另外，信息管理处还负责总行机关的人员培训工作。比方说每个人都要会用电脑来进行文字处理。还有业务处，尤其是计划部、财会部，他们需要用我们电脑部开发出来的报表系统来处理他们的会计报表和计划统计报表，这也需要对我们的员工开展电脑操作上的培训。另外一个就是对全行，包括各分支行电脑系统的电脑人员的培训，总行一旦开发出一个项目，就要针对这个项目对全行电脑系统的电脑人员进行专项培训。

业务应用处承担的任务更繁重。首先一个就是储蓄通存通兑系统的开发。1991 年、1992 年的时候，有些分行还采用手工记账的方式，后来都用上微机了，但好多分行没有实现同城的储蓄通存通兑这么一个功能。所以先要实现同城的通存通兑，对于客户来说，如果交行有了同城储蓄通存通兑系统，客户在市内，走到任何地方都可以取款，都可以存款。

接下来就是我们全行的通存通兑。同城通存通兑是对某一个分行有作用，那么全行通存通兑就是对于总行来说，我们总行的好多客户的业务不是局限于一个分行的，他是一个集团性客户，他在选择账户的基本行的时候，就会选择交行。就是说电子化的程度保障并促进了业务的发展。所以通存通兑系统的建立对客户的争取，对交行储蓄的增长起了一个根本性的技术保障作用。

最初由于交行没有全国、全行的电子汇兑系统，各个企业、各个商家又需要把资金从甲地转到乙地，只能借助别的行，比如工行、农行，借用它们的系统。所以这个业务就要流到工行、农行，我的资金就成为人家的流水。

电子汇兑系统一方面方便了客户，实现两小时到账。当然现在两小时到账都是落后的，现在是要即时到账。我这边只要发出一个汇兑的需求,这个钱马上就到对方的账户里面去了。一方面也方便了我们交行,我不用再琢磨怎么把客户的账户和资金放到有汇兑系统的工行、农行去,它们的流水、它们的头寸,就成为我们交行存款很重要的组成部分,这就是电子汇兑系统的作用。

在1996年的5月,交通银行总行党委决定要开发一套交通银行电子汇兑系统。到了1997年的1月份就完成了,仅用了7个月的时间。实际上,我们开发这套系统的人员现在都还在交行。电脑部方面有虞衔,他当时是业务应用处的副处长,后来他担任软件开发中心的总工程师、副总经理,现在退休了。他带着张兵还有从无锡分行、成都分行借来的三个电脑人员,就他们五个人。财会部也派出了专人,是当时他们的一个处长,叫陈威利,后来担任财会部的副总,现在也退休了,他带了一个业务人员叫沈肖雷,沈肖雷业务很精通。就这么组成了一个开发小组,借了当时培训中心的一个会议室,几间宿舍,他们在那边搭环境,建立了一个开发平台。

当时工行、农行有电子汇兑系统,交行是第三家,而且交行首先引进了总参的56所的加密技术用在硬件上,在硬件上搞了一个加密的模块,使得我们电子汇兑系统的安全性得到更可靠的保障。

这个项目实际上对交行来说是一个很重要的电子化手段,一共有136个网点可以跟总行以及分行相互之间进行资金的汇兑业务,在其他行当时都是叫"T+1",就是说资金第二天到账,已经很先进了。当时我们的电子汇兑系统由虞总跟陈威利总经理他们领衔挂帅,苦战了7个月就实现了2小时资金到账,后来这个系统被人民银行评为"金融科技进步一等奖"。

我为什么对这个项目印象这么深呢?因为这是一个业务部门跟IT部门紧密合作相当成功的案例。陈威利总经理是我们交行财会系统业务最精通的老同志之一,沈肖雷是个新同志,他们对会计的一些规则、一些制度是掌握得最好、最准确的。我们虞总又带了张兵这些电脑人员在技术上,根据业务的需求不折不扣地实现。而且7个月时间里,他们都是住在培训中心的,吃住都在一起,所以说这是业务跟技术的配合,需求跟开发的结合，应当可以说在这个系统上是做到了淋漓尽致。

从IT方面来讲，应当说没有开发不出来的系统，只有拿不出来的需求。需求的水平有多高，IT系统的水平就有多高。假如说你的需求层次比较低，或者你需求考虑的因素比较少，都是到后来开发成功之后，再来加补丁，这样的话，系统总是在修改；假如说你的需求水平高，那就能一次成功。就是说使得开发的过程中间，凡是你需求想到的，开发都给你放进去。这样开发出来的系统，后期返工，或者说补充、打补丁，或者甚至要推倒重来的概率就很小。

这也说明每一个应用系统，如果业务部门需求跟技术部门的技术开发能够结合好的话，它能够发挥出很高的效率，能够加快开发进度，提高系统的质量。

在知识产权，也就是核心技术的掌握上，这个系统也做得很完美。除了总参56所硬件加密模块外，里面所有技术的所有权归交行自己所有。里面所有技术，包括每一行代码都在我们这5位技术开发人员的脑子里面。

这里面还有件事情，因为交行电脑部人员比较少，当时我们参加人民银行科技司召集的会议，这里面有工行的、农行的、建行的、中行的。他们都是老大哥，他们的电脑部都是上百人，而且都有管理部门，又有开发中心。我们交行电脑部当时一共才30多人。所以我们就大胆地起用了新入职的毕业生，对于新人员的培养、放手使用也取得了较好的反响。

除了发挥新人员的作用之外，我们从分行借技术人员。当时我们在总行机关，对我们的员工也反复强调，因为你在上海念了大学，因为你生在上海，所以你就业的时候进的可能就是总行机关。可是其他分行的人呢？他可能在当地的大学毕业，或者是当地的户口，他进了分行。我们分行可是藏龙卧虎的地方，有好多清华、北大、川大、上海交大的毕业生，因为他们的就业受到户口或者其他方面的限制，只能在分行找到他们的工作岗位。这些人的技术能力并不一定比总行的人员差，所以这方面我们当时实际上还是比较明确，就是说力量不够，要充分发挥分支行的力量。

现在实践证明,当时被总行抽调来参加项目的分支行人员,后来都很有出息。他们有的成为电脑处长,有的到其他部门当处长,甚至还有不少当上了行长。比方说昆明分行,当时我们有个很好的电脑处长叫李智斌,清华大学毕业,后来在昆明分行,现在叫作云南省分行,当副行长,之后又到青岛分行当一把手。我们电脑这个条线出来能够当到行长这个层面的,而且是一把手行长的,他是第一位。所以说当时解决人员不足,从分行借人来帮助总行开发,是一个很重要的措施。

立足长远规划,组建软件中心

方诚国

记得在1997年的时候,当时陈恒平行长已经退休了,由方诚国行长分管电脑部,交通银行总行党委就做出了这么一个决定——组建交通银行软件开发中心。要组建开发中心,需要人,需要地方,需要设备。这都是总行党委、电脑部领导,包括我们电脑部广大技术人员必须要面对的具体问题。

首先一个要有地方。当时虹梅路、宜山路那边有个科技园区,方行长拍板,我们就在里面买了一栋楼,总共六层。因为是个科技园区,房价还不是太贵,当时总行就有魄力把这栋房子买下来了。楼买下来后,很多具体工作都是由我们电脑部徐玮华牵头完成的。徐玮华现在是总行软件开发中心综合部的高级经理,当时他还是电脑部的一个普通工作人员,我们把他抽出来筹建这个开发中心。包括买房子、装修,都由徐玮华一手经办。他兢兢业业,起早贪黑。最后经过一年的筹建,克服一切困难,软件开发中心在 1998 年 4 月 15 日正式挂牌成立。现在这个地方成为我们交通银行总行的异地灾备中心。就是说一旦有什么情况,陆家嘴或者张江的系统出了问题,漕河泾灾备中心马上能够切换。

另外一个就是健全开发中心的组织机构。当时为了软件开发中心能够更方便地运作,还成立了一个银创信息工程有限公司,挂在开发中心综合部里面。这都是当时的一些尝试。机构成立后,电脑部派出 13 个常驻人员,之后又招了一批新的大学毕业生。

有了场地,有了机构,还要有一套内部建设的规章制度,机构中还有公司的运作机制。这一套规章制度,包括内部的制度建设,就是由我们电脑部的胡丹处长负责的,胡丹现在在私人银行部当处长。

软件开发中心的主要使命,就是承担两个系统的开发,一个叫综合业务处理系统,一个就是全行的储蓄通存通兑系统的开发,都如期完成,如期投入运行。

建立张江园区,实现数据集中

当时我们整个的计算机运行模式,包括工、农、中、建他们这些行在内,都是一种分布式的电脑系统。就是说每一个分行有一台比较大的服务器,它把分行的会计报表、统计报表、业务数据在分行的范围内,在同城的范围内进行集中、汇总处理。可是对于交通银行总行这个层面来说,没有一台这么大的计算机,让各分行的业务数据都到总行这儿来,当时各个行都没有实现。只是通过通信网络系统把分布在我们 90 多家分行的小型机,通过网络给它连接起来。机器都在各个分行。连接起来主要的作用也是为了开展业务处理。对于报表处理、信息的管理能够满足一定层面上的需求。

后来到了张建国行长、侯维栋行长那时候。张建国行长是 2001 年调来的，侯行长也在差不多时间从工行调来。在张行长、侯行长的主持下，交通银行做出决定，要搞数据大集中。工行、农行、建行、中行在数据大集中方面可能要比我们提前一两年甚至是三年的时间，他们起步早。交行要赶上其他行。

侯行长来了以后，2002年在北戴河的培训中心举办了一个70多人参加的数据大集中，或者说是大型机应用系统的技术培训班，就是由这批人组成了我们从2002年开始的全行最大的项目——数据大集中项目的开发团队。

参加数据大集中的这些骨干，后来绝大部分都留在总行了。数据大集中有四五百个开发人员，都是从各个分行抽来的。从2002年开始到2004年，大约两三年的时间里，他们吃住都在仙霞路18号，就是我们原来的交通银行总行大楼。

当时仙霞路18号一共28个楼面，给锦服公司留了5个楼面，另外两个楼面是用来做食堂的，其他的20多个楼面都变成了我们数据大集中的开发场地跟宿舍。所以说仙霞路18号的锦明大厦当时在数据大集中的时候，里面同时容纳了800多个人，四五百个我们的人员，还有两三百个公司的人员，他们都进驻仙霞路18号。

通过大数据集中，可以说交行的电子化建设，它的技术层面，或者是它的运行模式，发生了一种根本性的、革命性的改变。应当说，现在交行的电子化建设程度，跟工行、农行它们那些银行来比，已经不是小弟弟了，不是说人家中学生了，我们还是小学生那样的吧，现在至少我们还是比较接近的，当然我们的程度不一定有工行那么先进，可是人家有的我们都有，可能有的地方我们还有自己的特色。所以说交行的电子化建设整个过程还是很值得回味的。

应当说交行的电子化建设真正达到国内同行的正常水平，还是侯行长来了之后。因为我参观过其他兄弟行的开发中心，也参观过国外的一些大银行的开发中心，可以说我们交行在张江的开发中心是世界一流水

交通银行数据监控中心

平的,它的规模、设施、设备,都是一流的。张江这个园区也是我们交行电子化建设的一个里程碑。

说实话,张江园区也是我们交行总行党委做出的一个特别好的决策,160亩地一下子就买下来了,接着搞基建,引进了当时IBM公司最大的大型机。全行的数据都能在这个机器里面存放。利用这些大数据,我们现在可以用来搞大数据分析,搞客户关系处理,搞客户关系分析。所以要说交行最值钱的东西、设施在哪儿?就在张江,比什么大楼啊,汽车啊,都要值钱得多。

退休生活安适,祝愿团队壮大

退休后,我们的胸卡还给我们留着,电子信箱也给我们留着,仙霞路18号每个礼拜三是我们活动的日子,到了仙霞路18号,中午在食堂可以吃饭,医务室也是照样可以拿药,还有理发室。所以礼拜三的仙霞路18

位于仙霞路18号的交通银行大楼

号是很热闹,很欢乐,很喜庆的。我们退休员工有个"交行仙霞合唱团",请了一个专业的声乐老师作指导。

我们特别感激交行的领导。对于交行,我们希望她更好,交行好,我们退休员工能够更好。对于交行的老领导,像李祥瑞啊,王爱身啊,包括其他的领导,陈恒平行长等,在我们心目中,他们是真正的共产党人。尽管现在社会上对有些领导干部感到不满,可是这些真正的共产党人,真正的脊梁还是在的,我们这些老领导就是。

还有个体会,我感到我们当时物质、收入不一定有现在高,可是我们活得很充实。虽然工作有压力,但领导跟群众之间的人际关系很简单,我们每个人的进步都在领导眼睛里的,所以我们当时活得比较轻松,比较充实。我们也希望现在的年轻人,或者说现在的交行,能够把以前的老传统、好氛围保持下去。我衷心祝愿我们交通银行IT队伍不断壮大,技术不断提高,为交行的辉煌做出更大的贡献。希望交行更好。

胡国宏
交通银行储蓄部原处长

  1988年3月,我从工商银行普陀区办事处调到交通银行总行财会部工作。我当初在工行从事信贷和会计业务,主持信贷科、分理处、会计科的领导工作,并担任党支部书记。由于这个经历,被工行分行组织处调到分行干部培训班当领导,后培训班升格为上海金融职工大学,我担任办公室主任,但我一心要回业务岗位。当时一位曾在工行分行组织处工作的同志到了交行总行人教部负责招聘工作,她对我比较了解,知道我想继续做业务,在她的推荐和帮助下,我来到了交行,实现了我继续做业务的愿望。

  我确实一直很仰慕交通银行,因为交通银行有悠久的历史,曾是中国银行业"中、中、交、农"四大银行之一。中央批准重组交通银行,赋予它重任,要办成综合性的国际化的银行。再者,当时总行董事长李祥瑞、行长王爱身、副行长陈恒平都是银行界德高望重的好领导。李董事长在工行上海市分行时,两度到我所在的信贷科蹲点,他业务精熟,善于发现和解决问题,作风深入,平易近人,给我们留下深刻的印象。所以我选择了交行,回到了业务岗位。

我是平调到交行的,当时从工行调到交行工作的同志不少是提级后来的。我不计较,我想只要自己好好工作,做出成绩,领导是会考虑的。我在工行有过这样的经历,在区办工作时,每年有给2%优秀员工加一级工资的政策,我两次被选上,但为了更好地开展工作,激励其他职工,我都主动放弃,直到第三次才接受。

我选择了交行,交行也接受了我,我下决心一定要不怕苦、不怕累,认真学习新业务,努力工作,要为交行的发展贡献一份力量。在领导的关心和培养下,通过自己的努力,在四年多的时间里,职务从科级提升到正处级。

汇编会计制度,严格控制风险

交行重组时,财务人员来自各行各业,有来自工、农、中、建专业银行的,有来自企事业单位的,许多还是从兄弟省市来的,他们在原单位都工作过很多年。专业银行来的同志到了交行,按各自专业行的制度和工作经验来工作,而从企事业单位来的,对银行业务和相关制度都不太了解,因此操作上很不统一。这与交行要建成一个国际化银行的要求是不相称的。

那怎么解决这个问题呢?我们决定从基础工作开始抓起,从建立会计核算基本制度和执行基本制度着手。因为会计核算就是为各项业务配备核算的规则、制度,为各项业务正常健康发展服务的。

当时我们处里有两个老同志,他们都是会计方面的专家,业务很熟悉。而我在工行时,在分理处会计科工作了好几年,所以对这些基本制度也有所了解。我跟我们老同志都感觉到必须从基础工作抓起,要制订统一的制度及核算办法,把操作统一、规范,使之与交行业务发展相匹配。

当时我们为了制订这些制度,做了大量的调查研究,因为各行的做法有其各自的特点和长处,也有其需要改进的地方,能适用于交行的,我们尽量吸收采纳。

制度制订后,关键是执行,为此我们紧紧抓好检查辅导。我们分批从分支行抽调业务骨干,组织他们学习总行制订的规章制度,然后交叉检查各行执行情况,检查中发现问题我们就及时指出,好的就表扬鼓励。每次检查结束,我们都向被检查行分管行长汇报检查结果,肯定成绩,指出问题,提出希望和要求,受到分行领导的欢迎和赞扬。

搞了这个制度之后,次年把跟我们财会上有关的业务办法、核算办法汇编成册,发给各个行,然后依总行的这些文件经常组织总分行联合检查辅导,各分行自己也组织检查辅导。这样在统一认识上、执行规章制度上都起到了比较好的效果。

我们还建立了十几本登记簿以加强对诸如空白重要凭证等重要物品的登记,建立登记簿的目的就是要明确职责,防止风险,保证银行资金安全,同时也要方便对客户的服务。

建立储蓄系统,开展分级授权

1993年3月,我调到信贷储蓄部,搞储蓄的制度。当时交行为业务发展需要,比较重视对公业务,比较轻视储蓄业务,储蓄业务在同业中占比很小,人员配备和管理都比较薄弱,对公业务上存在的问题,储蓄业务上都不同程度存在,有些还更严重。绝大部分行储蓄业务使用微机,少数行还是用手工,不少行本行网点之间不能通存通兑,在这样的情况下如何加强储蓄业务管理,加快储蓄业务发展,是我们当时考虑的主要问题。

交通银行总行员工使用电脑系统

当时领导也提出要求,要把我们交行这个储蓄系统电脑核算尽快建立起来,实现全行统一。我们经过反复调查研究,觉得第一要确保业务安全,这是最重要的。第二是加快柜面的疏散,就是让客户来柜台办理业务等候时间能够短一点,方便点,就是在保证资金安全的前提下解决这个问题。还有一个很重要的,就是要把我们交行的储蓄系统核算统一起来。

安全方面要做到两个控制,一个是在电脑设置控制,另一个就是在制度上做到人与人的监督控制。

电脑上,我们编制电脑程序的时候有一个想法,要搞成柜员只会按照程序操作电脑,打个不恰当的比方就像个机器人。我们把储蓄核算和管理要求都编入电脑程序中,这样就达到加强管控和监控的目的。在当时,储蓄上使用电脑,情况比对公会计核算的基础要差不少。

在行领导和部门领导的支持下,我们从各个分行临时抽调了许多业务骨干,有的还是储蓄处的负责人,业务也比较熟悉的。到微机用得比较好的,管理也比较好的行去搞调查研究,看看我们行在储蓄业务发展和核算方面,以及执行制度上面有哪些经验和问题。

我们调查研究得到许多分支行领导和有关同志的支持和帮助,如上海分行、广州分行、杭州分行、郑州分行、南京分行、珠海支行,都很支持。在调查研究的基础上,我们着手编写业务需求,我把我们许多在会计上面做得比较好的制度,在储蓄上运用起来,财会上有些适合储蓄业务的登记簿也建立起来。

同时我们提出这些登记簿用电脑来控制的业务需求。我们和电脑部开展紧密合作。我们不断完善业务需求,电脑部门不断随之修改,两个部门有关人员都任劳任怨，团结合作，加班加点苦干实干，不断完善业务需求和电脑程序，电脑部大力支持这个重大项目，还请联想集团的电脑编程人员参与我行的这项工作。

那时候我们储蓄制度处只有六个人，我把主要精力都放在搞储蓄电子系统，电脑部也大力支持搞储蓄电子系统，派了一位处长和几位技术人员和我处的一位副处长带着三个青年干部全身心扑在这项工作上。同时，一些分支行抽调熟悉储蓄业务的骨干到一些行搞调研，提业务需求，电脑技术人员编出程序后再由他们测试，一次又一次反复修改，反复测试，这些业务骨干很辛苦，还要经常加班加点，他们是离开了自己的行，离开了自己的家，到总行来做这件事的。我们在珠海支行搞了一段时间，又移师南京分行搞了很长时间，再回到总行漕河泾软件开发中心又搞了好长时间，基本成形后到北新泾培训中心进行完善，接着又一个行一个行去推广，直到全行顺利运用储蓄业务通存通兑电子系统。

我很感谢上海分行、南京分行、沈阳分行等对总行的支持，派了许多熟悉业务、工作认真负责的业务骨干来帮助测试。也很感谢我们处里的几个同志，克服各种困难来写业务需求，做业务测试。那个时候我们处的几位同志和电脑部有关同志大概每个月出差要 20 天左右。最后冲刺阶段，有两个多月连续工作不能回家，就住在总行北新泾培训中心，最后才把这个系统搞成功的。所以我们这个系统是苦干、实干、干出来的。

储蓄业务电子化系统上线运行后，人民银行总行科技司、会计司，还有电脑部门派人到我行来鉴定。因为我们的系统在使用当中既能加强柜面管理，又能方便储户，减少储户等候时间，还能加强互相制约，所以他们一致认为我们的储蓄业务电子化系统管理比较严格，流程也比较合理，给予行里评价蛮高的。这个系统，还获得了 1998 年金融科技进步一等奖，给行里发了证书和奖金。这个系统实现了全行通存通兑，同时也提升了我行服务形象。

张夏阳
交通银行计划业务部信贷处原处长

我一开始是在建设银行工作的，1963年初到的建行，做信贷方面的工作。建设银行的前身就是老交通银行。新中国成立以后把老交通银行一些老的人员留下来做基本建设项目这方面的业务。那个时候学习苏联，完全照搬苏联那一套，当时不叫贷款，没有贷款，就是拨款，基本建设拨款，有多少大的项目，上面财政部拿多少资金出来。这些基本建设项目当时就是归建行来做的。

我稍微展开一点说，五六十年代的时候，银行都是有专业分工的，都是专业银行，工、农、中、建，工商银行晚些，1984年成立的，对口企业的流动资金贷款、技术改造贷款；农业银行对口农村那一块，信用社什么的；中国银行就是对口外汇银行；建设银行就是对口基本建设。就是这样子专业分工的。

那时候建行是属于财政系统内的一个单位，还没有像其他银行那样，完全独立出去。如上海建行，它对外是建设银行，对内是属于上海市财政局的一个处，和财政局是一个党委的。1972年的时候，建行有一部分人就到了税务局，我也就在那时候到了上海市税务局直属第四分局。就这样一直干到1986年，离开税务局，来到交行参加重组。

从税务局来到交通银行，说起来公私原因都有。从工作的内容来讲，银行比较主动，我放款的，给人家钱的嘛。税务部门的专管员呢，就是有一点被动的，我要去人家企业里面查账，查他的成本，查他的利润，查他的资金周转情况，内容范围比较广泛。举个例子来说，他有没有把利润藏起来，调节利润，今年利润高了，他藏一部分到明年，就是这样的。因为那个时候都是国有企业，特别是一些大的企业，很傲气，你要去查他账，有的愿意配合，有的就不太配合你，工作是比较吃力的，往往热面孔要贴冷面孔。所以从工作方面考虑，我是想离开税务局回到银行方面的。

从私的方面来讲，我一参加工作就在建行，做了好多年，对银行工作还是有一定感情的。而且到了1986年的时候，银行的待遇已经跟税务部门有些差异了，银行这边稍微好一点，税务部门比银行稍微差一点。主要是这两方面的原因。

我想再回建行可能也比较困难，因为没有什么说法和理由。那个时候正好有这么个机会，要筹备新的银行——交通银行，我就找了老领导顾树桢，我跟他比较熟一点。他那个时候已经不在财政局了，到了市政府做副秘书长，我到他办公室和他谈了一次，他是筹备组的组长，他也很赞成我过来，就这样我来到了交行。

艰难完成筹建,试营业引关注

刚筹备的时候也是很艰苦的。我来的时候,筹备组就 18 个人,最初还要少,后来陆陆续续增加了包括我在内的几个人。那时没有地方办公,就借了金陵中路的嵩山饭店,现在已经拆掉了,原来就在城隍庙的对面,借了大概有四间房做临时办公室,我报到就是上那里去报到的。当时筹备组组长就是顾树桢,筹备组里还有余瑾,也是财政局过去的,她之前是财政局副局长。

我去了以后,一开始还没有搞业务,业务刚开始还排不上队,首先要把房子、机构、水电、空调、电梯、装修这些事情搞好。先是要考虑银行将来放在哪儿,领导带着人找地方,看了好几个地方,最后看中了江西中路 200 号的房子,中华人民共和国成立前这里是金城银行,"文化大革命"中用作招待所,那时候红卫兵就住在里面,作为接待红卫兵的地方。他们过去一看,各方面条件还蛮好的,还是个老银行的房子,基本上房子结构、地库、金库都很好的。这个物业背景比较简单,没什么纠葛,市政府也比较支持,所以很快就批下来了。后来我们筹备组就迁到这边来,在四楼,作为交通银行筹备办公的地方。

江西中路 200 号交通银行库房

当时鲁家善行长是具体负责。那时候还没有像后来搞业务那样子分工。鲁家善主要在忙装修这些事情。我也参加了一段时间,我当时跑计委申请外汇,因为迅达电梯当时是要用外汇买的,我记不清楚,好像是要申请 40 万美元。跑了好多次,后来批下来了,才能跟迅达电梯厂签合同。江西中路 200 号里现在用的就是当时那部电梯。后来又跟另外一个同志一起去跑供电公司，就是要求增加用电容量，申请二路供电，供电公司在九龙路，也跑了好多次才跑下来的。那时候就是干了这些事情。

房子也装修好了，水、电、电梯差不多都要完工了，那么就考虑业务方面的筹备了。沈其龙当时主要负责办公室那一条线；徐家渊是负责业务的，现在他已经过世了。当时所有的业务都在徐家渊那条线下。那时候我们也没几个人，所以从工商银行借了几个人来，还请了工商银行退休的几个老同志，加上我大概有六七个人。我们就着手制订一些基本的业务办法，贷款业务办法，存款业务办法等，这些最基础的东西。后来成立了计划业务部。为什么叫"计划"呢？这个"计划"就是说当时贷款都是要额度的、要指标的，没有这个指标是不能放款的，所以有"计划"两个字，就是要向人民银行申请贷款额度，才能分到各个行来放款。

成立以后，总归要过渡一下，不能马上就正式营业，比如造了飞机也要试飞一下，看看还有什么矛盾没有，哪些地方还需要进一步磨合的，包括各方面的运转，也不光是业务上的，还有其他条线上的。上海分行是最早试营业的，是在 1986 年 10 月 25 日，当时江西中路大楼上还挂了两条大条幅，一条是"热烈庆祝交通银行重新开业"，还有另外一条。新闻也报道了。晚上还有庆祝酒会什么的。

国外对交通银行重新组建试营业也很关注，不断地有银行、金融界，甚至有国外金融方面的学者来拜访。那时候总行条件很艰苦，外宾接待处大概就一间，在四楼，每天都排得满满的，外宾来拜访需要拍照，也没有专门拍照的人，那个时候我跟着办公室的一位同事也算学过摄影，就让我帮忙弄几张。我也就去帮他们拍几张，当时也是蛮艰苦的。

交通银行与纺织工业部签署合作协议

试营业那时候，上海分行的工作人员中，工商银行过来的比较多，农业银行少一点，建设银行大概过来也有十几个人，中国银行也有一点，外汇人员都要的。当时还没有叫"总行"，还叫"总管理处"，就是先试营业起来。试营业开始我就到上海分行信贷部门去做业务，那个时候是个大屋子。当时信贷这块有几个摊子，我就是跑纺织系统，做技改方面贷款。

　　刚开始搞业务很艰苦。一个就是人员很少，都是各方面来的。另外一个就是四家专业银行都分工分好了，地盘都已经占住了，新出来一个交通银行要去他们那边挖业务，把企业拽过来一部分。工商银行、建设银行他们都很不支持你，有的还直接跟企业说："你不要过去，不要在那里搞业务。"所以我们当时开拓业务也是很难的，要去拉存款，没有存款怎么放款呢？所以信贷员很大一部分精力就是去抓存款，要到厂子里面，到财务那里，到领导那里，到分管财务的厂长那里，要动员他们划一部分结算业务到我们交通银行来做。过来一部分结算以后，只要有资金进出，就一定会有沉淀，有沉淀就有存款。这么一家一家结算业务多了以后，银行存款余额就多了，就有资金开展贷款业务了。所以那个时候开拓业务是主要的，也是比较困难的。

统一法人体制，参与大型项目

总管理处更名，法人体制统一

　　到1987年4月交行要正式营业了，正式营业以后，筹备组完成使命了，他们就来问我，是愿意到分行还是到哪里？我当时预先也考虑好了，我是要到总管理处的，那时候已经四十五六岁了，也不想再搞具体业务了。我向徐家渊申请说："徐总，总管理处成立的话，我到你那里工作。"他后来同意了。

　　总管理处后来为什么会改成总行呢？一个主要是上下领导和业务开

展上都不顺,都是独立法人,风险很难控制。另外一个是对外,国外不知道总管理处是总行级别,国内甚至有人讽刺说交通银行是小银行的联合体。所以就向人民银行申请将"总管理处"改为"总行"。1994年7月,经人民银行批准,"交通银行总管理处"改称"交通银行总行"。

那时候还闹过笑话,那时人家不知道总管理处就是总行,因为中华人民共和国成立前交通银行有总管理处,没有总行,重新组建的时候按照之前的样子先弄起来,就设立总管理处,信封都是印总管理处的。人家写信来给潘其昌潘董,信封上写"总管理处处长潘其昌同志收"。

还有一个问题就是总行一级法人怎么来弄。总行是个法人,但是下面地方上是一个法人,所以管理上是一个问题。还有就是资本金的问题。交行成立的时候都是地方财政、大的企业入股一部分的,所以多级法人体制的话,资本金双方都有的。现在要改成一级法人,总行就去拜访一些大的企业,去做工作,就是要把资本金从地方统一到总行来。有的企业还不是太愿意,好像还想不通,他们觉得在下面地方还是有好处的。但是你看世界上先进的银行体系、金融体系,没有这样搞多级法人体制的。当时搞多级法人体制是有一些问题的,所以后来下决心要改成一级法人体制,分行一开始也想不通,开会讨论之后,逐渐统一思想,达成共识了。

积极参与"九四"项目

上海当时比较大的项目,人民币方面就是参与了一部分"九四项目"。这是上海市政府的项目,具体的记不太清楚。我回忆起来一个就是人民币的银团贷款,我们交通银行也努力参与一部分,当然牵头行不是我们交行,肯定是工商银行或建设银行,就是我们也想办法做工作,参与进去,做一小部分。

外汇当时也有银团贷款。改革开放以后,国外银行也进来很多,他们也要在国内开拓业务,由他们牵头组成银团贷款,我们交行也参与一部分进去。外汇上的银团贷款倒是还可以的,因为国外的一些银行像花旗、渣打,对国内新成立的交通银行还是很感兴趣的,觉得你们还是新颖的,跟专业银行不一样的。当时工商银行财大气粗,有些地方也还蛮强势的,我们当时为了拓展业务,都是比较主动的,反正各方面比其他专业银行都要好,所以国外银行贷款我们当时也参加了一些的。

世行项目提升风控水平

1997年亚洲金融危机之后,国际上很多银行,尤其是亚洲的银行都出事了。为此,1998年亚欧首脑会议决定成立了一个基金,叫"亚欧信托基金",就是为了帮助亚洲国家提高金融抗风险能力,当时这个资金就是由他们拿出来,由世界银行来落实的,世界银行当时又找了普华永道会计师事务所来执行。1999年,世界银行跟中国财政部正式签了一个协议,由人民银行总行指定交通银行作为项目受益人,人民银行可能觉得交通银行规模不是很大,当时重新组建交通银行就是为了打破银行业务专业分工格局,成立一个新的综合性的银行。考虑让交通银行落实世行这个项目来试验一下,做得好的话,其他银行都可以推广开来学习,万一有什么,问题也不是很大,不像工商银行摊子很大,规模很大。

参与世行这个项目以后,从信贷的角度来回顾一下,首先就是把先进的银行经营理念引进到我们产品中来。他们这种经营理念就是要强调风险跟效益匹配,就是效益要最大化,风险要最小化,因为银行放贷款不可能没有风险,不可能没有坏账,但是要跟效益相称,不能风险很大,效益很小,那样你经营不下去的。原来我们这边的理念是比较落后的,那时候都是国家银行,企业都是国家的,全民所有制,钱就是大家的,国家的,贷款给他什么风险都没有,都是国家的企业,没有风险观念。事实上没有作为一个真正的商业银行、一个企业来经营,没有这个概念。所以我们要把先进的理念引进来。

第二个就是在贷款的流程上有一整套严密的、细致的、科学的贷款理论。从企业提出贷款申请的时候,就要开始了解,开始接触,一直到这个贷款收回，或者是出现风险要坏掉了，到最后的阶段。每个环节都给你设计了相应的流程，这个流程就告诉你每个环节怎么操作，有哪些要求，风险有苗子了，要采取什么措施，要看风险的哪些指标，再下一个阶段，风险到哪个等级了，当时贷款有五级分类，到哪一个环节了，严重到哪一种程度，要采取哪一种措施，每一环都有的。都是比较科学的。这在以前是没有的，以前就是企业提出申请，我看看要多少，我这边钱有没有或者什么的，就是这样弄的，很粗放。

所以说这套流程引进来以后，我们就有一种恍然大悟的感觉，我们信贷业务的面貌也不一样了。过去都是说到哪里弄一弄，出了问题就抓一下，现在是比较主动地去控制这些风险，因为每个环节都可以发现问题了，不是到最后出了问题才发现贷款还不了，企业要倒了，之前就能发现苗子了。这套信贷流程对我们帮助很大，在贷款风险控制方面起到了一定的效果。

我也说开一些。当时各个分支行的人不全是专业银行来的，比方说青岛成立一个行，济南成立一个行，人家当地银行当然不会把好的人才都输送给你，你要多少人他给你多少人，不可能的，也是凑一凑，给你几个人，数量上和质量上都不够的。甚至很多不是银行方面、金融方面来的人，是企业里面来的，企业做财务的还好一些，有的还不是做财务的，包括有的领导是县长过来的，所以他做信贷可以说是两眼一抹黑，下面处长说好，他听听也说好，就这样批下来了。正因为开业初期为了业务发展，拼命地要抓存款，要搞开拓，扩大业务，风险的理念又没有很好地牢固地树立起来，所以那时候贷款方面出了比较多的问题，很多到后期都冒出来了。

世行项目以后，信贷员也有一个依据了，知道该怎么做了，因为各个环节都说好了，当然，还要他做得过来。有的时候也忙，企业多的，手上企业项目都来不及做，不可能都是很仔细，但只要每个环节都按照规定做到，至少有个依据。原来没有给他这个东西，他也不知道这么多环节，那么多数据要计算、控制。

世行项目计划是到 2000 年七八月份，后来可能又延了一段时间，后来存贷分离、贷款五级分类就按照他那个规范一步步推下去了,应该说世行项目对交行贷款风险的控制是起了很大的作用。

怀念旧日领导,作风朴素务实

戴相龙行长是1990年来交通银行的,因为当时交行总行反映人手不够,戴行长跟我们各个办公室见面的时候就说:"人会有的,你们不要着急,正在想办法。"后来他确实带了一些部门级领导过来。随着业务发展,人员越发不够,又从上海各企事业单位招聘了一部分。还从云南、江西调回来一部分人,有的是夫妻两个一起调过来,就这样各方面逐步补充了一些人。

戴相龙行长做事很认真,他业务也熟,他给我印象很深刻的。每个礼拜四我们起草好制度、办法什么的都是上总行四楼会议室,他们领导围了一圈,我们处长围在外围,他们就一条一条跟你讨论、研究,这条为什么要这样写,要问你起草人的,你这么写的思路是什么,知道了以后,他说要怎么修改,说出他的意见,我们就唰唰唰记下来,回去修改。

戴相龙行长管理风格很具体,他说我们要搞一个交通银行贷款通则,打个不恰当的比方,就是交通银行的"基本法",所有的贷款都要遵守贷款通则,不能违反这个基本原则。交通银行贷款通则,后来也是信贷部起草的,他们部老总让我负责,我起草了以后,部老总改过后拿到会议上去讨论。戴相龙

交通银行《贷款通则》实施细则征求意见稿

行长听完大家的意见以后,他把稿子带回去,晚上都给你修改好,修改完了以后,过了两天,打个电话给我:"张夏阳,你过来一下。"我就过去了,他说:"你们那边搞了一个稿子,我又改了改。"我接过稿子一看,他在边上都亲笔做了修改。

他那个时候也是很艰苦的。最初戴相龙行长来的时候他是住在长寿路纺织学校里面,借招待所的一间房子,暖气都没有,吃饭都成问题。住了一段时间以后,在福州路新城饭店借了一个房子,里面有客房,在里面安了写字台,因为他晚上还要工作。

李祥瑞行长也是很实在的,他业务也很熟,不说大话、空话,就是怎么搞业务。很多文件、章程,李行长也亲自动手改的,改完了文件拿给徐家渊:"老徐,这个我改完了,你再看看。"都亲自动手的,所以我们也获益蛮多的,我原来这么弄的,他给我改了,我也要看一看为什么这样改,这个对自己很有帮助,很有提高。

试营业阶段也是蛮艰苦的。那个时候我们总行的人吃饭的地方都没有,都是自己带个饭盒子早上拎过来,中午在煤气炉上蒸一下。领导也是这样,李董李祥瑞都是一个饭盒子早上拎过来。到后来上海分行才在顶楼建了个食堂,一开始好像也不是供员工午餐的,好像是为了接待来访的分支行的领导或者宴请人家的,当时还没有到外面大饭店吃一顿什么的,有个小房间搞个圆桌,如果第二天有接待的话,就关照他们买一些菜,有个厨师给烧一下,真正有外宾什么的才到外面。

寄 语 交 行

亲手参加筹备的人总归希望交行各个方面能够壮大,发展越来越快,资产质量越来越高,收益越来越好,所以总归是希望交行能够有更快更好的发展。

顾迈先
交通银行苏州分行原副总经理、原副行长

苏州支行筹建,组织外汇存款

我是1958年调干的。"调干"可能现在很多人都不知道是什么意思了,那时候毛主席说,要培养工人阶级的知识分子,从这个前提出发,就把我们的干部送到大学里去读书。我参加工作的时候只有初中毕业,工作后上业余学校,读读高中数理化,相当于高中的程度。所以后来上大学好像还可以,勉强跟得上,虽然不像应届的高中生,但是还可以。我当时就落迁在江苏商学院,是财贸经济系,现在这个学校没有了,并到南京财大,现在南京财大的前身就是江苏商学院、供销学校、财政学校,几个学校并起来的。

我在那里读了两年书,毕业后回到苏州市商业局,做了一年的计划财务工作。因为我有这个条件,就是经济工作稍微懂一点,虽然不是太懂,但是懂一点,财务会计也学过,也做过,也懂一点,所以有幸被苏州市委组织部看中,想把我调去交通银行苏州支行。后来向市委打了报告,市委也认为可以,就向交通银行总管理处推荐。到1987年7月初,总管理处经过考核以后,同意了!因为这个干部选用要总管理处批的,那个时候我们不属于上海分行管,属于总管理处管,总管理处就批下来,由我担任副总经理。那个时候叫总经理、副总经理,后来才改成行长、副行长。现在好多老员工都还是叫我顾总,就是这个意思,后来新的员工都叫我顾行长。苏州市委和交通银行总管理处商量我们班子分工,我是分管政工、人事、保卫,还有党务,兼任党支部书记。那个时候人少,不好成立党委,总支部也不能建立,只能建立党支部,所以我是党支部书记。

所以我是属于工作调干,经过组织调动来到交行的。我本人也很乐意从事经济工作,因为党的十一届三中全会提出来,我们党的工作重点要转移,要以经济建设为中心。那么我们交通银行要为经济建设服务,交通银行总管理处原来在北京的,从北京迁到上海,这样重新组建了交通银行。到1987年5月份,我们苏州支行就开始筹建。

筹建的过程当中有几个问题。第一个是资本金问题,你的资本从哪里来?第二个是营业场所的问题,到底这个银行开在哪里?这个很重要。比如说我们上海分行开在江西中路,这个地方是繁华之地,我苏州支行开在哪里?第三个问题就是人哪里来,领导班子怎么配备?

前两个问题当时是这样解决的:资本金是由财政和一些企业出资一部分,印象当中是4 000万元。营业场所在饮马桥,这是我们苏州市中心的中心,赛过南京的新街口,上海的南京路。

下面就主要讲讲人员怎么配备。苏州市委商量几个途径,第一个途径就是从政府部门包括财政、税务,还有审计、供销社几个大的政府部门

1987年位于饮马桥的交通银行苏州支行

调人。第二个途径,当时只有四大专业银行,和四大专业银行去商量,要求他们支援一点做具体业务的干部和员工。还有一个,当时我们苏州有一个财经学校,从财经学校的应届毕业生当中选了十几个人。

当时交通银行的干部来源,大部分就是从党政机关当中选的,稍微懂一点经济基础,财务知识。潘其昌做过财办主任,陈恒平是财办副主任,顾老是财政局的,余瑾也是财政局的。这许多人,我们比他们年纪稍微小一点,但是和他们都很熟的。我下面还讲到一个李祥瑞,这个人不简单。

我印象当中,我们第一任董事长、总经理是李祥瑞,是科班出身,银行业务很精通,外语也可以,原来是人民银行上海市分行行长,他就调到我们交通银行任职。李董事长作风蛮平易近人的,当时我们到上海去向他汇报工作,他非常客气。

李董生活作风也非常俭朴,家里的房子很普通,他是交通银行总行第一任董事长、总经理,享受副部级待遇,在他重病期间我到他家去看他,发现家具什么的俭朴得不得了。据我们兄弟行的同志反映,因为我们一起开会的,大家坐在一起,大家聊聊天,对他印象都蛮好。可惜他早逝,大概六十几岁就过世了。

还有两个人,一个是顾生同志,原来在交通银行苏州分行做过党委书记、行长,还有一位是朱鹤新。这两个人也不容易,带领苏州分行从困境当中走出来,他们两个人做行长的时候非常投入,尽心尽职,这是事实。因为交通银行开始的时候蛮好,后来有过挫折,大家都晓得的,非常困难,人跑掉了蛮多的。到了最后就是交行总行派朱鹤新和顾生来,先是朱鹤新,后来是顾生。他们两位行长在职期间,带领交通银行苏州分行从困难当中走出来,在员工当中的凝聚力也慢慢提高了。

正式开办以后,存款怎么办呢?这点上海分行管得比较具体。我们当时第一件事情就是组织外汇存款,这件事情也吃力的,通过各种关系组织存款,外币这块存款逐步上去。归侨侨眷方面,因为我做过侨办主任,到侨办办公室开会,我属于老主任了,讲一讲,希望让家属在海外的,把外汇都汇到我们交通银行来。过去都是汇到中国银行的,现在汇到我们交通银行来,有的不肯来,有的肯来,这个不能勉强,要自愿,最后来的也蛮多的,这样外汇储蓄就上去了。

组织存款,第一个就是上门服务,这个是很重要的。商业银行就是要发挥"三个一流"的特点,我们为企业提供上门服务。过去中国银行的单证都是企业送的,现在我们上门去拿,人家到底省力了,过了几天去:"王科长、李科长,你们最近还有什么进口单证、出口单证?"有了就带回来,带回来就做,做的速度要快,速度慢吞吞的不行。原来三资企业我们也一家一家去拜访。

其中有一个我印象蛮深的。有一位许夫人,是美籍华人,我让一个叫李新的行员去拜访一下,因为行长不能办具体业务,信贷不能行长帮你贷,要通过信贷部帮你贷,这个是要按照操作程序来的。去之前,我打了一个电话给许夫人,结果弄来一笔十几万美元的外汇。许夫人有钱,我知道的,因为我在侨办的时候就认识她的。

上海分行分管,帮助业务发展

我们支行建立初期都是归交通银行总管理处管的,包括我们干部的任命,市委提出推荐意见以后,也是总管理处来考核的,像推荐我为副总经理,听说总管理处一个戴总,还有一个叫潘慧龄的,他们两个到苏州来考核的,考核以后,总管理处正式下文。在当时那个条件下,江苏只有两家分行,一家在常州,一家在苏州,上海一家,上海分行,浙江一家都没有,杭州、绍兴、宁波、温州、嘉兴、湖州都是以后的事情了。我们那个时候开会都到总管理处,总管理处和上海分行都在江西中路200号,总行在上面,上海分行在下面,开会以后有什么事情要讨论,上海分行做小组长,由他们负责召集我们江苏、浙江的几个分支行。当时关系是这么一个关系。

但是后来,交通银行发展得很快,江苏的无锡、扬州、南通,浙江的杭州、绍兴、宁波、温州、嘉兴、湖州都在建分支行,在这种背景下,总管理处再管到分行不可能,有点困难,太多了。那时候潘其昌潘董是负责机构设置的,当时就把我们江苏的一部分分支行和浙江的全部分支行划给上海分行管。那个时候有一个想法,因为金融体制改革,不按行政区划来建立省分行,按照经济区域来建立分行,这样我们江苏一部分归上海分行管,一部分给南京分行管。南京分行管到哪里呢? 管到安徽,管到江西,再管到徐州、连云港。这种管理体制,作为总管理处来讲是抓住了重点。

上海分行管得很细,不像之前总管理处那样大路子管。尤其在资金融通方面,管得很具体。那个时候大概上海证交所还没有建立,但上海资金比较宽裕,虽然我们苏州资金也不少,但是不像上海资金这么多,所以我们要点钱,到上海也比较方便。众所周知1993年、1994年,苏州分行那时候出现资金周转困难,放出去的贷款收不回来。上海分行派了一个叫陈如奇的副行长到苏州来帮助工作,陈如奇是副行长,管计划的,他就从上海分行调一批资金进来,保证了苏州分行的资金周转,保证正常营业。

当然，也有些不方便的地方，比如信息方面就不一样了，很多信息总管理处要通过上海分行再传达给我们，有些事情要通过总管理处解决的，我们以前习惯直接报总管理处，那么现在上海分行有意见了，你跳过我了。所以我们做行长的这方面是很注意的，一定要通过上海分行再转达总管理处，有时候上海分行和总管理处一起汇报，这样方便一点。

上海分行对苏州支行的帮助首先要讲讲外汇。外汇基本上是上海分行国际业务部手把手地把我们教出来的，因为我们的员工当中基本上没有人懂外汇，党政机关来的干部包括我在内也不懂，专业银行来的里面，工商银行、农业银行、建设银行来的也不懂，只有中国银行来的一两个人略微懂一些，但也不是全部外汇业务都懂，所以都是靠上海分行手把手把我们带上路的。

先讲一讲国际业务的建立。当时在交通银行的系统上，苏州分行国际业务也是抓得比较紧的。在苏州地区来讲第二家，中国银行下来就是我们。那时候开办外汇业务的有利条件，一是苏州外汇业务的总量比较大。江苏说起来苏州还是算得上的，仅次于上海。现在苏州外汇业务更大了，进出口的数量也比较大，外资企业和三资企业在我们苏州地区也是比较多的。二是归侨侨眷也比较多，也就是侨汇的数字也比较多，比如说有些亲戚在国外，国内要生活的，要汇款到国内，汇进来都是外汇，我们结给他们都是人民币，人民币才能在国内消费。

之前外汇业务都是归中国银行的，独家经营，企业也觉得这样一家做不能适应，一直去求中国银行，你单证送去，今天没空，要过几天再做。所以企业要求办外汇的需求非常大，就是想苏州最好能够多一家办外汇的银行，这样企业就比较方便了。这是我们办外汇业务的大前提和大背景。

所以我们向交通银行总管理处申请办理外汇业务以后，总管理处就同意了，由上海分行直接来管。外汇的部门多，进出口单证、外汇存款、柜面服务，等等，内容很多的。上海分行就手把手地把我们苏州分行的外汇业务教会，上海分行派了一位老法师，姓马，马老师，名字我也记不清了，到苏州来帮我们培训。我们确定了做外汇的人员并组成一个外汇业务部，由马老师从理论到实践再到操作，一课一课地讲，我也去听过几课，蛮有启发的。所以在上海分行手把手地帮教下，我们苏州分行的外汇队伍就逐步建立起来了。

那时候叫我管外汇，我也不懂，当然我有一个办法，就是依靠翻译。我们进来做外汇的同志首先一条，要稍微懂一些外文的，不懂的话，这个事情蛮困难的，当时苏州大学来的至少有一些外语知识。当时外面来的函电，国际业务部都会帮我们翻译好再给我们看。现在的行长懂外语了。

外汇队伍建立起来以后，也不是说开办就开办的，要外管局批的，跑人民银行，跑外管局，这张批文要拿到，才能够开业务。所以办理批文的同时，我们先派一部分人到上海分行，住招待所，加班，去实习，到各个部门对口实习。你如果管信贷的，就到信贷部门去实习；你如果管柜面业务的，就到柜面去实习；你如果做单证的，就到单证岗位去实习。我印象很深。几个月下来，接他们回来，再送一批过去，这个事情也蛮辛苦的。

开始我们没有证书，先代理上海分行的外汇业务，做代理业务，这是可以的，因为我们是上海分行下面的分行，就做上海分行的。所以开始的时候单证啊，开信用证什么的，都要到上海去，反正汽车来汽车去，也挺快的。但客户是要等的。

外汇贷款也代理上海分行的。第一笔外汇贷款我印象最深，苏州竹辉饭店，我们苏州分行的第一笔外汇贷款，代理上海分行放的。那时候上海派了一个部门经理来考察，我也陪他去看过。竹辉饭店正式开业的时候很轰动，苏州市委市政府，交通银行总管理处潘其昌、顾老、余瑾都来的，很热闹。第一笔外汇业务一开，竹辉饭店的业务后来全部拿到我们苏州分行代理，之后拿到批文，我们就正式开办外汇业务了。苏州分行第一家开，那时候杭州分行还没有开外汇，后来都到我们这里来学习了。

在储蓄业务的发展上，上海分行开发了很多的品种，对我们苏州分行也有很大帮助。他们储蓄部有一位姓范的处长，这个人也帮我们开拓了很多业务品种。因为这些新开的业务都要经过人民银行批的，人民银行

交通银行总管理处领导出席竹辉饭店开业仪式

上海市分行批的,人民银行苏州市分行照样可以批,如果人民银行上海市分行不批,人民银行苏州市分行是蛮讨厌的,所以我们就感到上海分行的管法是比较具体,也比较实惠。

  范处长来指导我们开展储蓄业务的同时,我们聘了两位长期做储蓄工作的退休行员,从工商银行来的,我们聘他们当顾问。这样我们储蓄部的班子就建立了。开始没有储蓄部的,只有一个储蓄专柜,后来就建立个储蓄部。这个事情也弄得蛮辛苦的,没人嘛,新进来的人不熟悉,也难开展工作。建立以后,所有的储蓄网点开始的时候全部归储蓄部管。这样我们储蓄部建立后,网点扩大,人员逐步调动起来,弄了蛮长久的。后来储蓄部管不了了,就改为办事处管。

  有奖储蓄也是上海分行推出的品种,经过人民银行上海市分行批准的,我们开储蓄品种同样要经过人民银行苏州市分行批准的,那么人民银行苏州市分行和人民银行上海市分行联系后,很快就批下来了。一个季度开一次奖。同时还有一种叫零存整取。可能五六十年代出生的人都经历过这些事情。每个月扣5元钱,比如说50元工资,发给你45元,5元还能做储蓄,放到我们这里来,那么我们储蓄存款逐步逐步就上去了。到了年底,60元再还给你。那时候老百姓生活不是太富裕,到了年终,60元钱还可以过年,也蛮开心,还可以抽奖。

交通银行这个储蓄大会开奖蛮隆重的,一般在市委会堂里,都满场了,各个企业的财务处长都来的。我们行长一般都要讲讲话,讲些什么呢?就是要把交通银行的信息传递给他们,他们有什么问题反馈给我们,搭建这样一个沟通思想的平台。那么有些人领到奖也蛮开心。当时我们开会还有一个小礼品,现在当然不提倡了,当时蛮有小噱头的,一个季度一次,这个效果蛮好。那个时候不像现在,现在物质丰富了,那时候物质不大丰富,给一些小礼品回去给小孩子玩玩蛮开心的,所以有奖储蓄在苏州来讲也蛮有影响的。

还有一个影响比较大的,就是发放金融债券。这个其他专业银行没有的。交通银行经过人民银行总行特批的,我们苏州分行也到交通银行总管理处去领了一些份额拿回来。利率可能比国债还要高一点,比定期储蓄更高了,具体我记不清楚了。交通银行发行金融债券的消息报纸上一登,早上老早就有人来排队,饮马桥这里的人多得不得了,还要把派出所的人请来管治安。这个事情蛮复杂的,和公安局打招呼,把八分桥派出所的人请来开个座谈会,讲讲什么事情,请他们帮忙,他们也派来了民警帮助维持秩序。

这次发行金融债券在苏州市面上轰动得不得了。那时候都是凭证式的,一张一张,特别受一些中老年喜欢。中老年都习惯凭证式的,现在什么电子管账不受欢迎,弄不

交通银行苏州支行在饮马桥发放金融债券现场

清楚,看也看不见的,图章是不是敲了也不知道,给他们一张凭证回去蛮开心的。来买金融债券的人非常多,经常有人过来打招呼:"阿哥,你帮我留一点。"都是有点关系的,得罪人家,以后人家就不来了。所以这个事情蛮难弄的,但是有一条,自己要以身作则,三亲六舅不好弄。我就和他们说清楚,什么娘舅、叔叔这些不能弄,工作上有联系的,人家托托你,这个行里面留下一部分就作为内部处理了。

那时候还有一个措施,就是倡导"三个一流"的劳动精神,争创亿元户,当时要达到一亿元是不容易的。大家到了八千万元还有两千万元,要想办把这两千万元弄出来。这个亿元以上和亿元以下的规格待遇是不一样的,也是有区别的,像现在银行里面你经营业绩好,开大会你坐在前面,也是用这种办法的,比如说交通银行现在业绩差一点,就坐得远一点,只好这样子。我们的储蓄额当然不及工商银行,他们的网点比我们更多,也不及农业银行,但是我们和建设银行差不多,具体数字我记不起来了。

多项措施并举,突破重重困境

交通银行重组以后,人民银行出了个政策,交通银行可以办理双边开户,交叉开户,就是企业在专业银行开户的同时,可以到交通银行开户。这对我们来讲,是一个很大的政策上的支持,但是当时仍然是困难重重。

苏州分行开业的时候,说是有这条政策,但是执行当中蛮难的,专业银行霸占客户,企业如果要到交通银行来开户,他们就设法动员企业不要来。企业来了交行以后,他们专业银行的资金要流出来了,存款要减少了,这是一个现实问题。原来企业在专业银行办理业务,现在要和交通银行往来,那专业银行就把企业的贷款额度减少,那企业就怕了,就到我们交行反映,就是说他们企业不是不愿意来我们交行开户,但是专业银行对他们施加了压力。

同时，我们机构也比较少，只有一个营业部，工厂企业分布在全市各地，结算都要跑到饮马桥，这个实在不方便。另外交通银行整个全国联行不通，就不能开承兑汇票，你比如讲，到一个边远地区开，那里根本就没有交通银行，没有交通银行，怎么承兑呢？这个问题就很大。后来经过人民银行的协调，委托工商银行办理，所以我们接到客户要开承兑汇票，就先跑到工商银行去开，开了以后再给客户。

所以夹缝当中求存、求发展是很困难的。刚开业的时候真是困难重重。一个人的思想转变，由计划经济的模式转换到我们市场经济的模式，这个好多财务人员都不习惯，多开一个户头多一个账户，从现在的角度上来说，好像这些问题都不存在，但那个时候困难得不得了。

再就是我们苏州支行得到市委市政府的很多支持。因为这个银行是股份制的，地方入股的。我们管委会主任是副市长兼的，管委会副主任一个是财政局长，一个是人民银行行长，再加上我们几个总经理，6个人建立一个管委会，就是相当于董事会这么一种格局。在管委会领导下的行长负责制，大概是这么个模式。市委市政府在大会小会都讲，特别是分管财贸的市长讲，在企业开大会时候讲。我们也通过报社、电视台、电台进行宣传。就是要让老百姓，让各个企业都知道，交通银行是股份制银行，可以交叉开户，交通银行是商业银行，以及三个有利政策什么的。在这么一个环境之下，苏州分行所面临的困难逐步得到解决。

在内部管理体制上，我们也采取了几个措施。第一个就是发动全行员工组织存款，发展客户。这个厉害！我们那时候人不多，不像现在一千多人，那时只有三四十个人。在饮马桥那个地方，我们就一个党支部，没什么人的，不过全行员工倒蛮齐心的。行长召开会议，对广大职工进行教育，大家都动起来，利用各种渠道、各种关系去开户。我是市委组织部出来的，做过干部工作，因为那时候厂长、书记都要经过组织批的，所以厂长书记我都认识的。我就一个厂长一个厂长去拜访，拜访了还不够，要把重点的方面再讲一遍，交通银行是改革的银行，是可以双边开户的银行等，就这样。其他两个副总经理也有各种渠道，通过各种渠道来组织存款。所以我们内部控制第一件事情就是发展客户，组织存款，以存款第一来教育全行职工，发动全行职工。那时候是夜以继日的，厂长、书记都是晚上在家里的，要登门去拜访，蛮辛苦的，那个时候只有一部汽车，就骑着自行车去。不像现在，每个行长都有一部汽车。

第二个措施是扩大地盘，建立分支机构。最初我们只有饮马桥一家，实在困难得不得了，郊区的工厂都要到你饮马桥来，非常不方便，所以我们开始先在石路、平江建立办事处（现在石路的办事处升级为金阊支行了，平江的也升级为支行），这样我们三足鼎立，再以后我们逐步开始建立分支机构，那个时候是我负责的，一个县一个县地去拜访。首先替他们约好，要拜访市长，这个是要市长决定的，市长再叫上财政局长、人民银行当地分支行行长。建立机构总是会遇到困难的，一个是营业场所，一个是人员来源。人员来源是最大的困难，专业银行不肯放，全部靠党政机关干部来的，柜面操作没办法落实，他们不懂，柜面操作要对银行业务基本熟悉的。比如说我做行长，我柜面业务弄不好的，但是我大体上是晓得的。

在我们交通银行系统，全国第一个家县级办事处，就是在昆山建立的，1992年更名为交通银行昆山支行，这个影响大得不得了。之后我们在张家港、常熟、吴江、吴县、太仓建立支行。另外就是扩大储蓄网点，刚开始饮马桥营业部只有一个专柜，这个专柜很小，大家储蓄都要到这里

交通银行昆山支行开业剪彩仪式

来，不方便，所以我们扩大储蓄网点。原则上一个乡镇我们要建立一个营业网点。那时候很困难，设备都不齐，不像现在委托公安局有保安公司送，那时候都是自己弄的。大概最后我走的时候，已经建了五六十个储蓄网点。

第三个措施就是开拓业务品种。因为传统的人民币业务不能满足企业的要求,所以我们建立国际业务部,人民币业务当中做租赁、信托,这些项目都逐步建立起来。这许多项目都要经过人民银行批的,这个比较麻烦,人民银行外管局不知道要排多久才能审批。幸亏有上海分行,我们也有"老法师",他熟悉怎么弄,通过什么途径去弄。我们后来陆陆续续把保险、证券、房地产都办起来了。在我在职的时候,这几个项目基本上都有了。几个业务并在一起,这样就方便企业了,就像到超市去买东西,什么东西都有。

交通银行是综合性银行,股份制综合性银行。那时候专业银行没有证券和保险,他们不弄的。什么叫综合性? 街上的综合商店,既卖油又卖米。既然是综合性银行,那么你如果只经营人民币业务,那肯定不行。所以交通银行综合性、股份制商业银行这个框架在这段时间逐步建立起来了。那个时候,苏州分行人民币业务上升很快,我印象当中在上海分行系统是名列前茅的。

第四个措施就是我们在内部员工当中开展争创活动,开展劳动竞赛。不过当时没有奖金的,不像现在和奖金挂钩,没有的,那时候就是靠一种精神,我们叫交行精神,我们是交行人,我们要有交行精神。现在柜台上都是讲服务,那时候专业银行是等客上门,他是朝南的,你企业要去求他的。我们交通银行就转变工作作风,鼓励员工改善服务态度,突出商业银行的理念,上门服务,贯彻"三个一流"的宗旨。这样经过一段时间努力,总算立住了脚。

人民币业务的发展从困难当中寻求突破,老一辈的交通银行员工以交行人的姿态、交行人的精神来创业,我觉得是可贵的。打个比方,交通银行是一个大饭店,苏州支行是一个小的摊位。饭店门口放个粥摊,后来这个粥摊改粥店了,现在比粥店还大,自己开饭店了,更加大了。

携手苏州大学,不断深入合作

苏州大学和我们交通银行的合作由来已久,我们首先联系他们财务处,再到他们分管院长那里了解情况,他们反映了一些困难,讲了一些。我们听了以后,觉得这些问题我们商业银行都可以解决,因为我们是商业银行,突出一个商业银行的理念,就是有"三个一流",可以上门服务,不要等客上门,也不要朝南,我们朝北的。

第一次合作我印象最深,大学生上学的时候要交费,学校除了财务处以外,其他老师也不善于管钱。我们和他们商量,凡是在开学期间大学生来报到入学,我们组织力量到学校这里来收钱,这样一来,大大方便了他们,他们很欢迎,因为他们收了钱,最后还要拿到银行来,那么现在上门服务。收了钱以后,我们再弄到账面上来,他们也很相信我们,他们最后账目一对也不错。他们也是国家单位,我们也是国家单位,大家不会瞎弄一通的。

这样子合作了之后,他们向我们反映,学校方面愿意进一步合作。当时他们大学里没有银行,我在江苏商学院读书的时候,学校里面储蓄所、银行、新华书店都有的,同学不要出去的,就在大学里弄就可以了。所以那时他们说要办一个储蓄所,我们就答应下来,按照苏州大学的

交通银行苏州大学储蓄代办所开业

要求,在学校门口办了个储蓄所,房子、装修,什么弄空调、弄设备,这些钱都是我们出的,学校是事业单位,没什么钱的,我们也无所谓,就帮他建一个储蓄所。储蓄网点开了以后,大大方便学生的存取款和汇款,有些学生生活费要靠家庭来寄的,寄到哪里呢?那就寄到交通银行,他在门口一拿就是了,方便得很。

储蓄所建立以后,我们再进一步替他们代发工资。那个时候没有代发工资的,代发工资也是我们交通银行想出来的,专业银行没有的。那时候,比如说企业里面15号发工资了,财务人员就到专业银行去提款,一大

包拿回来,再发动全科室人装信封,一沓子一沓子装,装好以后再发下去,这个事情是麻烦得不得了。

我们交通银行就开始试行代发工资。首先财务处觉得蛮方便,他们也不要费心了,我们替他发工资,发了以后,最后跟他结账就是了,就在我们储蓄所发的。我印象当中这时候还没卡,就一张存折。比如小吴你工资50元,拿了20元,那余额还有30元,就是这样的。那时候手工操作代发工资,有一个盘,转一转插上去,土得不得了。

苏州铁道师范学院看见苏州大学和我们这样合作,觉得蛮方便的,后来也要求办一个储蓄所,于是我们答应替他们办一个储蓄所。工商银行不肯去的,偏远地区办个储蓄所,这种小生意别的大银行不做的,我们无所谓。但那个时候员工不够,所以由他们自己出员工办一个代办所,代理我们交通银行办,我们付点工资给他们,这样也方便了。

第三个,我们和苏州大学合作的项目就是开发电脑系统。我们苏州分行由手工转为电脑,在整个交通银行系统里,大概除了上海分行外,是比较早的。现在好像方便得很,一张储蓄存单一插,打一打就出来了。那时候没有的,都是手工操作。那么我们就要搞电脑系统,营业部就设一个电脑房,还没有电脑处,专门管电脑的。现在电脑房的主任也退休了,叫沈莘尧,是当时我们引进的一个电脑方面的人员。当时我也考虑了很多,到底和谁合作,请谁来办,要求到银行里来办电脑的人多得不得了,抢生意。最后我们经过讨论确定了请苏州大学计算机系来帮我们。

开始用电脑的时候,员工当中懂电脑的人是很少的,其中有一个员工是苏州大学电子系毕业的,还引进一个人,只有两个人懂,其他人都不懂的。像我们老年人用手机,现在只会打电话,其他都不会的。我们就和苏大签了一个合同,我们付点钱,请他们来帮忙。当时有一个系主任叫董平,还有一个张老师到我们电脑房来,但他不懂会计,这个还是要懂会计知识的,就由我们营业部的曹主任,帮他辅导会计知识。这种大学老师你稍微讲一讲,他就懂了。基本了解了我们的会计工作后,他就正式编软件,再辅导我们的员工,从理论到实践操作,柜面怎么弄计算机,一个一个讲课。再购置设备,这些事情也花了不少时间。

用上电脑以后,交通银行存单是电脑打出来的,人家是手工写的,大家也感觉比较新奇。过去在银行工作有一个要求,你这个字要写得好,一张存单要开得清清楚楚,"壹佰万""伍拾万",写得弯弯曲曲,人家客户不相信。现在计算机一打就行了。所以这是我们合作的第三个项目。

此外还有点融资。苏州大学说他们在我们这里储蓄所里面存款也不少了,他们开学有点钱,要搞基建,要买设备。那我们放信用贷款给他们,大学学校在,你贷款给他们放放心心,不会赖掉的。

交通银行开业的时候是有点委曲求全的,我原来做干部工作的,一直朝南的,人家总归来求我办事情,现在只好朝北了,求客户。到后来站住脚跟,情况变化了,实力强大了,客户也会来求我们了。

牢记政策法规,坚守职业底线

我感受最深的,从事银行工作是个高收益、高待遇,也是一个高风险的职业。这个东西诱惑力很强。比如说过去我生涯当中做干部工作,经常有人老顾前老顾后的,想打听打听什么消息,找机会提拔提拔,做银行行长期间也是这样。什么道理呢?因为你有权力。所以要有底线,这个很重要。做银行不能像党政机关这样,三眼一板,这不行的,客户都要跑光的,你要有灵活性,但是你要有底线,底线要守住,不能马虎,这个事情绝对重要。

比如说你行长到县里面去,人家县委书记出来,县长出来,要贷款,中午招待你吃一顿饭,或者晚上吃个晚饭再走。这不可以,你只能婉言谢绝,我说晚上还要开会,谢谢你的好意,我下次再来。人家是县长、县委书记,党政干部,你银行行长算什么,你是企业单位。但是有一条,人家看中你有钱,你手中有权,可以放款。

现在行长收入也蛮高的,待遇也蛮好的,风险也蛮大的,所以我觉得要说的事情,这个就是蛮重要的一点。政策法规是最好的约束。比如说银行贷款,要到上海分行批的,现在有一种变通做法,分几次做,你比如要贷五千万元,先三千万元,再两千万元,人家要贷六千万元,那怎么办呢?人家说你先放两千万元,再放两千万元,最后再放两千万元,就解决了,这个不好做。所以人家说你谨慎也好,胆小也好,这个事情都要坚持,要守牢这底线。

不光这样,我们要继续改革创新。发展业务是最基本的,因为我们国家是以经济建设为中心,业务如果搞得不好,其他事情搞得再好也没用。要继续改革创新,要发展业务,只有业务发展了,效益才能提高,职工生活才能改善,企业才有凝聚力。但要注意就是要依规依法,不能忘乎所以,不能乱来。

寄 语 交 行

从1987年来到苏州分行,一直到1996年12月正式办理退休,在领导岗位上待了十年的时间。退休以后,上海分行有个组织叫咨询委员会,我是上海分行的咨询委员会委员,苏州分行咨询委员会主任,这样我又工作了四年。到2000年正式离开岗位,回家休息。

回家以后,好多单位请我过去做顾问,我不去,因为银行行长再到企业去做不合适,时间长了以后,他们就会向你提要求的。比如说是不是能去交通银行贷点款啊什么的。这个事情难办了,所以我就不去,也无所谓钱多少。我在苏州本地上上老年大学,学学医药保健知识,觉得蛮有必要的,对健康很有帮助,懂一点医道。你们年轻人可能还没有什么感觉,到了一定年龄以后,健康是非常重要的,钱不在乎了,主要是健康。身体不好是最大的不幸。

　　回家以后,苏州分行领导都对我很尊重,对我很关心,逢年过节总是来看看我,慰问慰问,生活上有什么困难之类的。像我这种人一般有困难都是自己解决的。我们50年代的干部都有这个感觉,不找组织的麻烦。我也是这个习惯了,我对领导说:"我没什么事,你们放心,有什么大困难,将来如果生病了,请组织上帮助解决。现在家里面子女也很好,也很孝顺,所以颐养天年。"这确实让我感受到党的温暖,感受到了我们社会主义的优越性。

　　十八届六中全会提出要全面从严治党,希望新的领导班子,要管好自己。这个是蛮重要的,不管好自己,就会对企业造成损失,对自己造成不可弥补的痛苦,对家庭带来了很大的不幸。这个正反两方面的经验教训是非常非常深刻的。最后希望在我们林波行长新班子的领导下,交行苏州分行再创辉煌。

张卫成
交通银行吉林分行延边支行副行长

我是1977年参加工作的,一开始就在金融系统的信用社工作,那是当时咱们国家最基础的金融机构了。1979年我就调到了人民银行。1984年,工商银行成立的时候,我就从人民银行分出去,到了工商银行。一直到1992年的11月,我来到交通银行。

我们地区是1987年下半年开始准备筹建交通银行分支行的。这个时期,在整个金融系统当中,已经形成了一种风势,大家都想着要到这个单位来。我确实也很想来。我在工商银行的时候,1984年就已经被提为中层了,一直在一线工作,看到了计划经济年代遗留下来的一些工作的办法和群众之间的关系,实际上很想到一个新的地方去发展,但是一直没有机会。偶然的一次机会,我和我们工行地区行的一个领导到省里开会,他就问了我一下,他说他要到交行延边支行去当副行长,问我能不能跟他一起过去。那我当然就答应了啊,其实我本来就非常愿意过来。这是个机会,我就过来了,这样到的交通银行。

过来以后,就感觉到交通银行和我以前工作过的那些单位不一样。第一个,政策层面不同。人民银行给了我们一个优惠政策,就是不论是单位还是个人,允许在别的银行开户的同时,在交通银行开户,就是我们说的"双边开户",当时其他银行是没有这个政策的。第二个,工作理念不同。其他专业银行都是国家计划经济体制下的管理办法,交通银行成立后,采用了股份制银行的形式,我们的工作可以延伸到各个县市。第三个,工作热情不一样,工作面貌不一样。原来的计划经济条件下,什么事情都是平均的,各项政策按照公文本本在进行。交通银行工作就比较灵活,分配上也体现出多劳多得。员工到了交通银行,也非常有上进心,也非常愿意去做这项工作,工作的精神面貌也不同。跟原来计划经济年代一体化的管理办法,确实存在着很大很大的区别,员工确确实实、真心实意地来为自己做工作。

延边支行恢复,艰难创业阶段

恢复之初的顺利发展

延边分行是 1987 年的下半年开始筹备的,当时成立了一个任务领导小组,由州政府主要领导,副州长吴长淑任组长,人民银行行长、财政局局长,还有政府副秘书长任副组长。一直到 1992 年,人民银行总行和交通银行总管理处批准筹建交通银行延边支行,并成立了一个筹建领导小组,组长是我们原来的州政协主席曹凤鸣。1952 年到 1958 年期间,他是我们延边支行行长。实际上延边分行在 1952 年就有了,1992 年可以说是筹建和恢复。经过了多次上省里，上人民银行总行、省行以及地区行，还有交通银行总管理处，去汇报工作，汇报一些我们筹备的状况。人民银行总行和交通银行总管理处的各级领导也分别在1987年的5月份、7月份和8月份到延边行进行了多次考察，1992年人民银行总行和交行总管理处下达了成立交通银行延边支行的文件。在30个少数民族自治州当中，我们延边支行是第一家成立的辖属支行。

交通银行延边支行开业典礼

这里我要感谢我们原来的州政协主席曹凤鸣同志，这位老主席，也是延边支行的老行长，为交通银行的重新恢复立下了汗马功劳。重新组建后第一任行长叫崔成一，是朝鲜族，原来人民银行延边分行的副行长。

接下来这个过程是我们顺利发展阶段，应该在1993年到1996年期间。因为刚成立交通银行，员工的热情非常高，虽然只有70个人，但天天走街串巷，找各种关系，拉各种资源，开展工作，拉存款。行里也出台了一些政策，比如说下达款证任务、进行效益考核、末位淘汰制、月度分析会、存款经验交流这样。1993年末，我们存款达到了1.4亿元，赢利370万元左右。1994年元旦，70名员工彻夜未眠，都非常高兴，感到自己的价值都实现了，也看到了初步得到的成果。1994年春节前，我们开了庆功会，该得奖的都得奖了，该受益的受益了。我也不在这里谦虚，评状元，我连续多年是状元，也是先进工作者。要感谢延边支行给我这个平台。

金融危机引发经营困难

由于1997年下半年发生亚洲金融危机，加之前面1993年开始，全国都在办商业、办企业，都在做生意，我们管理上有些粗放，存在着一些问题。所以金融危机发生后，我们这里很多问题就暴露出来了。可以说就是我们进入到一个困难时期。1997年、1998年、1999年，连续三年亏损，经营非常困难。

改革创新，二次创业

2000年开始，我们可以说是第二次创业，开始打翻身仗。这期间我们南光赫行长调到延边支行来做一把手，他现在是首尔分行行长。这个人非常有能力，大刀阔斧进行改革创新。那个时候，延边支行归沈阳分行管辖，他经常到沈阳分行去汇报工作，提出我们自己扭亏翻身的一些办法，尤其大胆提出了三年内要打三个翻身仗，第一扭亏，第二上等级，第三升分行。

可以说是在这期间，南光赫行长做了很多新的业务。比如说开展外汇宝业务，大量发展一卡通业务，还有大力做票据业务，再一个就是做国际业务。这几项确实给我们带来了很大的成果。2002年我们的赢利是16万元。到了2003年，票据业务我们挣了

交通银行大力开展外汇宝业务

400多万元,我亲自带人到沈阳分行去学习票据业务的,外汇宝业务赢利400多万元。所以到2003年的时候,也就是我们十周年行庆的时候,确确实实彻底打了一个翻身仗,当年赢利1 200万元,另外我们的等级由C级上升到B级,原来的支行也升为交通银行延边分行。

2005年起,可以说延边分行已步入了稳定发展阶段。这个时候我们又换了两任行长,一个是李永权行长,一个是现在的徐明行长。几任行长都是朝鲜族的。这两位行长根据我们地域经济的特点,根据交通银行总行的战略部署,出台了很多新的政策。比如说大力发展零售业务,发展国际业务,发展自助业务,发展战略伙伴,开展同业合作,开展新的业务,可以说一年一大步,一年一个台阶。

到去年为止,我们的各项存款接近80亿元,可以说在2004年的基础上翻了三番,赢利近1亿元,贷款30多亿元,另外国际外汇宝业务在辖内名列前茅。在延边地区各银行当中,我们的规模现在排名第二,占比是19.9%。我们行电子分流率达到90%左右,我们48个网点,每个网点都有很多自助设备,平均单个网点自助设备数量占全辖第一位,可以说这个方面我们走在了全辖区的前面。

当然,在这些年中,当地银行之间确实不止一次出现过相互争客户,无序竞争的情况。根据当地的情况,人民银行、银监局又组织了银行公会,有什么事情及时反映到监管部门,监管部门进行平衡,我们坐在一块儿商谈,不要无序地竞争。利用银行公会这种形式,来解决各行在经营过程中出现的一些问题,效果非常好,到目前为止再没有出现什么其他大的波折。这些年来的努力,给我们将来的工作打下了良好的基础。

带动地方经济,保障民生,贡献社会

延边支行恢复至今已有25年,这25年间,我们为所有在延边地区成立的各家金融机构贡献了几十名员工。比如说光大银行、吉林银行、民生银行、兴业银行,这几家银行都是在我们之后成立的,这几年主要部门的领导或者是业务骨干,基本上都是从交通银行调过去的,这是第一大贡献。

第二个贡献,为当地各个行业,还有个人提供贷款。20多年来,我们为各大企业、政府各个部门,交通也好,医药也好,卷烟也好,学校也好,教育也好,还有个人,累计发放几百亿元的贷款。大型企业方面,比如说大唐发电放款10亿元,这是联合贷款,卷烟,延边大学,医院,都有过授信。但贡献最大的,在个人贷款这一块。去年到年末为止,30多亿元贷款当中,50%以上是个人贷款。个人业务我们做得比较早,前面我们讲到,就是两任行长上任以后,对零售业务非常重视,做得非常好,我们的零售业务、个人业务,主要做按揭和二手房贷款,在当地和公积金有关部门开展合作,为老百姓解决实际问题。住房贷款,2002年开始做的,现在累计有四五十亿元已经发放完了。

第三个贡献,为我们延边朝鲜族自治州的周年庆、50周年庆、60周年庆,还有贫困户进行捐款捐物,扶助贫困户,这个已经坚持了很多年了,累计捐款几百万元吧。

拓展收藏方向,留心身边历史

我是1977年上半年参加工作的,工作后就一直和资金、现金打交道。我记得我们那个长城币是1元的,有分1980年、1981年、1982年、1983年、1985年、1987年版的,比较多的是1980年、1981年、1985年版的。80年代初,在一个炎热的夏天,我带着这个1元钱,到一个老太太的摊子上去买冰棍,我给她1元钱以后,这个老人家说,这个钱她没有见过,她不要。事后我就在想,我是做银行工作,做金融系统工作的,我天天和钱打交道,我对这个业务一定要了解。你说你做了一辈子银行工作,连这个钱都认识不到,将来等到你退休回家的时候,儿女问你,能对得起儿女吗?

讲起来,这一生工作白做了。我走上收藏这条路,这是一个原因。

第二个原因,每年到各种纪念币和流通币还有新币发行的时候,大家有不懂的都来问我,因为知道我有这个爱好。这也促使我对这项爱好更加深入地进行研究,增加了我对这项爱好的兴趣。那时候我基本上每年到人民银行去,就跟这些人民银行的领导讲,我说作为人民银行的领导,尤其是管发行的领导,对钱币发行,对钱币一定要有足够的认识,应该了解你的工作,了解你的业务,这也是一个方面。那我要跟人家去讲这些东西,我觉得应该把我自己的收藏知识再提高一些。

调到交行来以后,总行要搜集一些历史资料,写行志,要成立博物馆,向全辖范围内征集藏品,征集一些对交行有历史意义的东西,要大家留意搜集。这个时期,可以说是我最重要的收藏阶段。应该在 2003 年的时候,当时主管这个业务的是交通银行总行的一个副总张鉴,是位老领导,非常敬业。通过张鉴老总,我认识了帅师,帅总,认识了杨德钧馆长。帅总我就是开会接触,后来接触少了。杨馆长我接触得比较多,杨馆长理论非常深厚,对收藏非常有见解,他跟我讲了收藏应该怎么收藏,应该往什么方向发展。通过我俩交流,我的收藏方向从最早收藏古钱币,转为主要收藏交行历史文献藏品。因为交行要成立博物馆,也是给我一个机会。

收藏这个东西,可以说就在我们身边。比如说今天,我参加这个采访,我今天的邀请稿,那就是我一个历史吧,我扔掉就扔掉了,我收藏起来,不就是一个收藏品吗?再一个,我们交通银行出的那个刊物,我中间可能出差没有,从第一刊开始到现在,我所有能收到的,我基本上都留下来了。我们当地的报纸,每年《延边日报》还有《延边晨报》,它的第一刊,各种版面里面可能有第一刊、专刊、特刊,第一刊我就有意收留。这个东西的收藏,实际上很容易的。

咱们全国的收藏界,半壁江山在上海。实际上上海人最善于收藏,这个东西没有必要去刻意追求,根据你自己的实际情况来。爱好是最主要的,敬业也是主要的,你的职业,你的家乡,你热不热爱这个职业,热不热爱这个家乡，热爱的话，都可以成为你的收藏方向。收藏一个是陶冶情操，增长知识，另外也是一种财富积累。我认为大家有机会都要搞一下收藏，对个人，对家庭，对单位都有好处。

寄 语 交 行

25年来，由最初恢复到现在，我们延边支行这种团队精神，敬业精神，让我终生难忘。可以说，当时为了拉来一个存款，该做到的事情都做了。这种韧劲，这种精神让我难忘。我也不说具体哪个人，因为都在这么做，可以说几个支行之间为了争得荣誉，有的时候搞得面红耳赤，为了争零点几分，在年末之前拼命去冲刺。我想，如果不谦虚地说，交通银行系统各家分支行，我也见过一些，像我们延边支行这些支行长、员工，这么去卖命、去工作的，不多的。

可以说交通银行给我搭建了事业的平台，我是交行的受益者，也是实践者。我期望交通银行的各级领导要体贴、关心我们员工，理解员工的艰苦，对下面基层单位多一些关心、照顾、体贴，带领咱们全行员工开拓进取，创新超越。

黄布一
交通银行重庆分行个金处原处长

重庆分行设立，各方全力支持

交通银行重新组建后，1989年在重庆设立分行。以前我们知道都是工、农、中、建，当时的银行让人感觉有点架子的。所以说要成立一家新的、股份制的银行，在当地就成为一件非常轰动的事情。

我当时在工商银行，交通银行重庆分行成立的时候，从工行调去一个副行长，又从人民银行重庆市分行抽调了一个副行长，作为筹备小组的组长。后来又从各家银行抽调一些人员过去，我就是这个时候从工商银行调到交通银行的。

那时候市里面,市政府还有市委非常支持在重庆再开一家银行,这对当地的收入、税收各方面都有好处。要成立这么一家股份制银行,就要各家入股,入股重庆分行最大的股东应该就是财政,当时说真的,各地的财政都很穷,财政也没很多钱,但当时有一个机遇,就是在我们罗家湾,现在大溪沟人民路的那个地方,新建了一栋大楼。那栋大楼本来是准备给一些小摊小贩的,当时市里面就马上开会,决定把这个大楼作价入股交行重庆分行,所以重庆分行成立的时候就有这么一栋新大楼了。

还记得重庆分行成立的时候来了7个副市长,基本上分管经济各条线的副市长都来了,还包括人民银行,以及各家大的企业,都派人来了,他们对重庆分行的支持是非常大的。

参与公务员工资统发竞标

应该说我们在整个成立、营业到后来的业务拓展过程中,还是很艰苦的,各家银行之间也存在竞争。原来这些都无所谓,大家都在一起,划分好专业块面,现在突然冒出一家新的银行,而且跟他们抢饭吃,这个肯定会对各家银行造成压力。

我举一个例子吧。当时最轰动重庆的就是一个招标项目。按照国务院的要求,所有地方的公务员的工资应该委托一家银行来代理,不再由财政来发放,这样子每个月发钱由银行来办理,给财政减轻很多负担,而且对公务员的账务管理,对财政局的整个管控也非常有好处。对银行来说,这是很大一笔业务。你想,全市公务员工资全部放进来,存款我们算了一下,一个月都上千万的。市政府财政局就发布通告,说要招标,消息一经发布,全市各家银行都进入战斗状态了,有些小银行也参与进来,都想争一杯羹。我那个时候在个金处当处长,负责这次竞标,为了制作标书,经常一个礼拜都不回家,还要了解各家银行有什么实力,他们有什么优势,我们有什么优势。当时招标局还专门给我们进行培训,教我们怎么制作标书。财政局也对我们做了指导，提醒我们有些什么要注意的。方方面面我们都介入了。

我记得当时一共有 12 家银行进入投标。结果开标那天，12 家银行拿了自己的标书来，就是那一瞬间，就给我们上了一课。两家银行直接被否定了，两家都姓"中"，一个中信银行，一个中国银行，他们的标书不合格，根本没有封装。招标局的人说："你这个标书没有封装，我不知道你的内容变了没有。这些标书的基本要求，在事前给你们都讲过，你们怎么那么草率？"然后就我们 10 家进入盘子里面，进行竞标了。

那时候市里组织了一个专门打分的班子，大概有 7 个人，里面 6 个都是女同志，这 7 个人来自市公安局、市财政局，还有其他几家单位，都是几家比较大的单位。打分的时候，他们把手机什么的通信设备全部交出来，全封闭式地对 10 家金融机构进行打分，大概花了一个礼拜的时间。一个礼拜后，结果出来了。一早上，所有的媒体都开始公布了。我印象最深刻的是晚报上登了一个头版头条，叫"九死一生"，说交通银行以微弱的 0.000 3% 这么一个分数击败工商银行。就这样，我们重庆分行就拿到了市公务员工资统发这一块业务。

我们拿到市公务员工资统发这一块业务后第一个月，还没有几千人，代发金额我记得也只有 400 万元。因为当时公务员发工资是在各家银行代理的，有的在建行，有的在工行，有的在农行，后来才逐渐把所有的这些拿过来。

通过这次竞标，我们在全行，乃至全国公务员工资统发代理这块开了一个先河。后来全国好多交行系统，还有财政局系统的都到重庆来学习，就是看我们怎么招标，怎么评分的。可以说无论在业务的收入，还是在业务的创新改革方面，都起到了非常重要的作用，也为交通银行起了一个宣传的作用。当时我们自己也没想到会有这么大力量，后来重庆市、区、县所有公务员单位的工资发放软件、每个人的工资卡，以及整个公务员代发工资的对内、对外宣传都是我们交通银行包揽的。总行因为这个事情，把当年的200台ATM机拿了100台出来,支援重庆。最后我们把我们的ATM机放到财政局的大厅里面,放到市内多个网点,他们的员工可以随时随地去取钱、存钱。所以当时交通银行的牌子就在整个重庆市打开了。这是我印象非常深刻的一件事情。

发行陆桥股票大获成功

交通银行刚成立的时候还闹了个笑话。那时候,老百姓一直来问:"你们交通银行是搞交通的吗?"名字里有个"交通"嘛。我们说不是,我们所有的业务都做。但是事实上我们交通银行确实在交通这方面的投资比较多。像重庆的黄花园大桥,还有好多项目都是我们贷款的。其中有一个也是很轰动的,就是发行了一个陆桥股票。

陆桥股票我们是通过储蓄存款收进来,收齐了以后再通过储蓄存款划到企业账户上去,然后购买股票。我参加工作42年了,那一次才感觉什么叫银行收钱。一天当中进来30多亿元,最后总共收进来50多亿元。之后也再也没有过这样子情况了。都是现金啊,我那时候办公室地上地下到处摆的都是钞票。所有的点钞机都搬过来,几十台几十台的,点坏了好几台,后来那些点钞机的供应商,他们几个老板专门过来,你坏了一台,他们马上就去维修,马上就把新的拿过来,到那种程度。那些交钱的人在成渝高速公路上打电话跟我讲:"哎呀,领导,你们晚一点,你们五点半不要下班,六点半下班吧,我们现金几百万元在路上啊,堵啊,没办法啊。"我说:"没办法啊,到时候总行要扎账,那个时候肯定要关门的,我说你们能够买到一点就算一点吧,不要抢那一点嘛。"

当时我们交通银行总行都感到震惊了,给我打电话说:"黄处啊,你们收的那个钱是真正的钱还是数据啊?怎么一天30多亿元,然后过一个礼拜50多亿元啊?"因为那时候刚好是6月下旬,总行半年的储蓄存款任务还没完成,我们重庆分行一下进来50多亿元,这下它的存款肯定有保证了。我记得当时总行个金部的老总叫吴国民。我就给他讲了整个道理。

然后他就问我,这个股票为什么大家这么欢迎?我说这个陆桥的后援和市里面对它的态度都非常好,今后上市了,肯定是要涨的。

到年底,那个存款除了买陆桥股票以外,还有20多亿元在我存款的那个账上,那年总行给我的任务是11亿元,我完成了200%多。

收藏行史文物,爱好事业相融

收藏实际上是一个业余爱好,我实际上在中学时候就喜欢上收藏了,但那时候确实没钱,下乡回来以后到银行工作,开始自己有一点收入,所以就开始涉足收藏这方面。最初因为自己在银行工作,就对银行的那些钱币发生兴趣,后来到了交通银行,在收藏市场上发现一些交通银行的单据、票据等。一个银行的货币应该说是比较普遍的,但是一个银行相关的一些票据,比较能说明整个银行的发展过程和一些细节。所以这个时候开始,我就对交通银行的一些东西产生了兴趣,这么多年下来,还是不断有些惊喜。

唐寿民的任命通知

记得我在交通银行总行的时候,经常到打浦桥去,那里有很多卖各种书籍、票据的。在一个角落里面,有一家很小的店铺,里面东西挺多。我就问老板,有没有和银行有关的东西?他拿了一些中国银行的,还有其他银行的东西出来。我在翻找当中,偶然就发现了一件东西,是一个任命通知,当时我仔细看了一下,两个人的名字很熟悉,但是我不敢确定,只是翻了一下就退给他了。回来后,我就查这两个人的名字,一个胡祖同,一个唐寿民,两个都是交通银行比较有名的高层领导。

胡祖同是一个海归,他在交通银行上海分行当行长,然后到总管理处去当行长,他走了以后他的位置就由唐寿民接任。胡祖同当时很有名,对交行的贡献非常大,可惜就是身体不好,很早就过世了。但唐寿民这个人争议很大。他当过交通银行的行长,而且是官董,当时担任武汉国民政府财政部长的宋子文对他很欣赏,派他过来的。但是他抗战的时候犯了错误。他在香港的时候,胡笔江遭日本飞机袭击过世以后,钱永铭7次打电报要求唐寿民回重庆,香港那个地方不可靠,但是不知道出于什么原因,唐寿民一直没有回来,结果一夜之间香港沦陷,他跑不掉了,他化装后从码头逃跑的时候被抓住送回上海,任命他为伪交通银行董事长。这样,他就从一个银行领导一下子沦为汉奸了。

1929年1月28日任命唐寿民兼任上海交通银行经理的通知

第二个礼拜我又去了,去了以后我就把那张东西拿过来,老板当时给我开了一个天价,所以没办法,只好放弃。回来后想想,又舍不得,觉得这个东西很少,不可能再复制的。过了两个礼拜,我想可能放一放,价格好谈一些。结果我去的时候,那个店铺关门了。接下来好几个月,我一直去看,始终没人,旁边的一个店铺邻居给我说,这个老头不行了,到医院去开刀了。我想这下可能很难说了。

又过了大概三四个月,我偶然路过,突然发现他那个门口很干净,之前去的时候,他门口都是放了一些报纸和信件,塞在门缝下面。这次去发现干净了,我心想有可能是他回来了。我就去看,还是没人。过了一会儿我又去,看到他坐在那个地方,人很瘦。我就问他那个东西怎么卖啊现在,他完全忘了那个事情,我就跟他讲在左边第三个抽屉里面,他一拉开,真的在那个地方。他感觉到非常奇怪,说你怎么知道?我说是你自己忘了。后来跟他好说歹说,把那个通知拿下来了。

后来我拿了这个任命通知到了总行给大家看,都觉得很珍贵,很不错的。所以交通银行当时每一段历史,它都有一些文物可以去见证。

一张老太保收据

我回到重庆以后,继续对这方面开展收藏。有一次偶然机会,我看到一件太平洋保险公司的收据。当时我在想,太平洋保险公司是交通银行的一个子公司,后来才分出去的,但是我又听说它原来不叫"太平洋保险公司",叫"太平保险公司"。我就去查相关史料。查到那个太平洋保险公司的前身,叫"太平保险公司"。太平保险公司实际上就是交通银行下属的一个保险公司。那时候是在抗战时期,因为绝大部分人员都跑了,有的跑到重庆,有的跑到别的一些地方去了,日寇就把当时在上海的太平保险公司归到他的伪交通银行里面去。这么一来,就使得重庆剩下的几个保险公司,那些员工和领导心里很不舒服了。他们通过交通银行总管理处,决定重新成立一家新的保险公司,为了与那家太平保险公司以示区别,又恰好当时正好是太平洋战争爆发,就把这个名字改成"太平洋保险公司"。后来的太平洋保险公司从领导到基层,都是交通银行派出去的骨干,他们的董事长王正廷,就是以前交通银行的常务董事。这个人背景很深,他是当时国民政府驻美大使,而且是当时奥林匹克运动会的常务委员。他跟钱永铭他们的关系非常好。

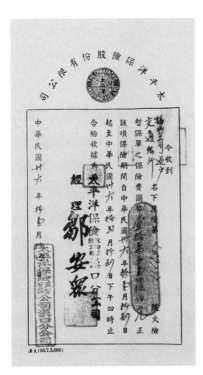

1947年太平洋保险公司汉口分公司保单

后来我把太平洋保险公司的前世今生搞清楚了以后写了一篇文章,有五个刊物,包括太平洋保险公司的那个《太平洋报》,都转载了。

母亲的任命书

中华人民共和国成立后,所有的银行都暂时军管。军管后,大部分银行都进行了改造。当时有两家银行没办法改造,一个是中国银行,它海外有资产,不能把它封掉;一个就是交通银行,交通银行在国内有很多基本建设,也不能马上封掉。于是当时有一件很有特点的事情,就是苏联在我们国家很多部委都有专家,当时派驻财政部的专家就给国务院、政务院建议,说交通银行不能撤,如果交通银行真要变动的话,就希望重新成立一家以国内基本建设为主要工作的这么一家新型银行。后来就有了中国人民建设银行,由建设银行接管交通银行手里的这些业务。

从1953年开始,交通银行和建设银行基本上就是一套班子,两块牌子。在人员方面,当时军管会实行了一个三三制。三分之一的人是原来在银行的共产党的地下工作者,以及解放军里面有知识文化的人,他们是银行的骨干;三分之一的人是当时在各个学校毕业的大学生,有专业知识的大学生,因为他们是年轻人,支持共产党、新中国;还有三人之一的人是能够改造好的旧银行的工作人员。这样组成交通银行——后来的建设银行的整个班子。我母亲当时有幸,在立信会计学校毕业后,就进入了交通银行。

有一次我到古玩市场去,有一个很熟悉的朋友跟我讲,他有一点交行的老东西,我首先就问是解放前的还是解放后的,他跟我说是解放后的,我兴趣好像不是很大,但来都来了,还是看一下吧。他就拿了东西出来,刚开始拿了财政局的有关干部申请,就是增加干部的那个文件,我翻了一下,里面有一个局长、副局长的任命,那个副局长,就是唐沧林,这是后面故事的主人公。

我觉得还有点兴趣,就拿过来,看了一会儿,我就放下去,装作不是很感兴趣的样子。他就跟我说,还有些任命书,解放后的,刚好1953年的。

口述者黄布一母亲彭桂群的任命通知书存根

我说拿来看一看。他又拿出来。我一看,实际上是任命书的存根,任命书正本早已经归到个人的档案去了,但存根上还是写清楚了任命什么人,什么职务。那个时候都是毛笔写的,写得很漂亮,繁体字。我比较欣赏那手字,我就翻过来看,翻了几页,我突然心里非常激动,一下子脑筋好像有点空白的感觉。我翻到我母亲当年的任命书了,就是1953年她被任命为交通银行重庆分行人事科副科长的任命书。我感觉这个真的像在做梦一样,这么巧会找到我母亲的东西,但是我心里完全压制住自己,不能激动,还要跟他讨价还价嘛。说了很久,就把这些东西全部收过来了。

后来我拿回去给我母亲讲,我母亲说她的任命书在档案里,怎么我会收到? 我给她讲,不是任命书正本,是任命书旁边的存根。她看到就说:"是啊,我们当年是归财政局管的,而且当时重庆市分两大部分,一个是交通银行西南区分行,一个是交通银行重庆支行,因为那时候全国分成华东、华北、西南这样几个大块。"所以这件任命书里还可以看到这些东西历史的痕迹。

寻访交行老职工

接下来再说说刚才提到的唐沧林老先生的故事。

2015年的时候,交通银行总行在抗战胜利70周年的时候,发了一个通知,向全国搜寻当年的老交通银行员工。看到那个通知我就想了,抗战胜利都70周年了，还要找老银行的员工，就算他18岁进行，现在起码90岁了是吧，能够找到吗？我当时觉得不可能，可能主要是为了做宣传。但是我还想去找找看，我就到处打听，一开始找到两三个，一问，都过世了。我想肯定找不到了，不可能完成的任务。

"五一"我回家去，就把这事跟我母亲说了，我说不可能找到的。我母亲说不会吧，有的啊。我听她这么一说，我心里就惊了一下，但是我又不想让她太激动。我说你慢慢说，她就跟我唠唠叨叨。她讲了三个，一个好像是去年去世了；一个在"文化大革命"的时候被枪毙了，"文革"结束以后，才给他恢复名誉；还有一个，就是前面说的唐沧林，唐老伯，说是我小时候他还抱过我的。

说完母亲就翻出三本通讯录，很大三本，在里面翻，翻啊翻，找到一个电话号码，她说："我给你打一打！"我说不忙。我是不想她太激动，我怕，因为她也88岁了，我父亲也有95岁了。她打电话过去，是唐老伯的老伴接的电话，然后她把事情的来龙去脉给唐老伯的老伴说了，唐老伯也很高兴，请我们过去。我把这个消息报给总行，总行也很高兴，全国这么大范围，最后也才找到两个，一个在武汉，是一位老太，还有一个就在我们重庆。

后来我和办公室主任就登门拜访了唐老伯。唐老伯很兴奋，他虽然耳朵有点背，但是讲起过往的经历，他还是头头是道。他讲当年日本打到武汉的时候，他们被打到租界，他们那个经理就说："让我们这些老的守租界吧，你们年轻人还有奔头，你就到国统区去，到重庆去。"然后他们逆水而上，一段一段路地坐船，一步一步到了重庆。他讲了在重庆的时候，总行在化龙桥，交通银行搬到那个地方去后，把那个地名都改成"交农乡"。那时候重庆已经聚集了全国大部分的金融机构，记得有169家。唐老伯那个时候还是练习生，工作了一年，还要考试，然后才是三等行员，二等行员，这么一步一步上来。中华人民共和国成立的时候，他立了一个功，把交通银行所有的账本，就是库房的那些东西全部拿出来交给解放军，还入了党，后来在财政局当了副局长，现在年事已高，身体还是非常好的。

这些都是我在收藏当中所得到的乐趣。我本来是这样想的,一个人肯定有他的业余爱好,也有他的事业和工作,但是如果能够把自己的爱好和工作、事业融合到一起,让它们互相有一个支撑,这将是一件非常值得高兴的事。

寄 语 交 行

昨天早上我过来的时候,我从陆家嘴图书馆那边过来,举目一望,全是银行。想当年,交通银行在这里像一条船一样,破浪前进,看得很清楚,但昨天我一看,它被淹没在整个金融浪潮里面,工商银行、华夏银行、农业银行、建设银行,那些高楼,拔地而起。所以我想交通银行应该奋起,努力,改革,创新,我相信交通银行会有更美好的明天。

陆祥瑜

老交通银行职工、《交通银行史料》编纂者之一

早年入职交行，晚年再度回聘

我是 24 岁的时候考进交通银行的，那是 1947 年，那年上海总管理处招行员，我就报名参加。当时总管理处设在上海南京西路 999 号，报名的时候有 120 多个人，最后录取了 20 个人。录取之后我就被派到汉口市汉口分行，在会计部做办事员，登日记账。那个时候的日记账不像现在这样，那时候是活页的，把每笔交易记下来，一式两份，一份留底，是汉口分行的账簿，一份就寄到总管理处。交通银行那时的管理很严格，通过日记账，总管理处对各个分行的情况都掌握得很清楚。老的交通银行是全国统一安排，统一管理，人

员统一调度。我们经常看到总管理处领导到分行来,就是下来检查的。

后来汉口分行业务收缩,许昌支行、信阳支行都撤回来了。这样一来,汉口分行人就多出来了。刚才说的,当时交通银行人员是统一调度的,所以在1948年,我就被调回上海,在虹口支行工作,现在叫办事处。那个时候通货膨胀,交行的业务看起来很忙,实际上不好。1952年,交通银行业务收缩,机构也做了调整,我也就调到了人民银行,所以这个阶段我在交通银行的时间只有1948年到1952年这5年。交行重新组建之后,1988年我又被回聘到交行,一做就是20年,待的时间还是比较长的。

编纂金融杂志,探索金融创新

我被回聘到交行之后,开始的时候在调查研究部。当时调查研究部刚刚成立,正式编制只有6个人,回聘的人员有4个,那么我们回聘的就是做资料收集,主要就是收集行业的经营情况。包括轻工业局、冶金局资料,准备通过这个行业的分析,来作为开展业务的一些帮助,就这么做了两个月。两个月后,调研部决定,光是收集资料还不行,还要进一步研究金融政策、金融实践。因为交通银行重新组建就是打破专业银行的垄断局面,把竞争机制引入到金融行业,改变过去企业吃银行的大锅饭,银行吃中央银行的大锅饭的情况。要做到这一点,就一定要从理论上、实践上来探讨来研究。所以就定名叫《新金融》,专门研究金融的规律。同时,《新金融》也可以宣传交通银行不同于专业银行的特点。

《新金融》是1989年创刊的,当时不是作为内部刊物,而是要向社会发行的,所以向新闻出版局申请全国发行的刊号,那个时候是由我一手办理的,成立《新金融》的报告也是我打的。从1989年开始,《新金融》就开始向全国公开发行。

开始的时候影响只是在行内,逐步逐步在金融界、学术界、大专院校

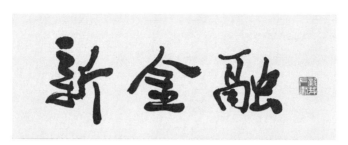

费新我为《新金融》题写刊名

得到认可。开始《新金融》发行只是 6 000 本,主要是行内,我听说现在已经到 16 000 份。《新金融》从 1989 年创刊,到 90 年代,就被美国鲍尔公司列入世界期刊名录,说明不但是在国内,在国外也有影响。在研究金融实践、推进金融创新方面,《新金融》确实起了很大的作用。

整理交行史料,推进行史研究

我当时只是在基层工作,对于交通银行的历史,并不是很清楚。回聘到交通银行之后,董事长李祥瑞就感到,交通银行的牌子是拿到了,帽子已经戴了,但到底交通银行过去什么情况,大家了解得都不是很深入,所以就要求调研部搜集老交通银行的资料。当时调研部的副总经理就根据李祥瑞的指示,安排我们搜集资料。

当时搜集资料主要是这几个来源,一个是在北京的中国第一历史档案馆,主要是搜集清朝时候的档案,其次是在南京的中国第二历史档案馆,主要搜集民国时期的资料。搜集资料的工作量很大,十几个人是不够的,王维鑫就到中国人民银行的金融研究所退休人员当中找了三个人。这个档案不得了,卷帙浩繁,那个时候复印机还没有普及,就是手抄,不得了,费了好多功夫。后来想想,光手抄不行,90 年代复印机开始流行了,就买了一台复印机,送给第二历史档案馆,这样搜集资料就比较快了。

《交通银行史料》第一～三卷

资料搜集之后,当时有一个想法,想要编行史。但是后来发觉资料虽然搜集了,可是整个交行的发展规律、过程,还摸不准,还不足以编行史。所以那时候编行史的想法还不是很成熟,就决定先整理原始资料。我在90年代就参加历史资料的整理编订,现在已经编了三卷了。从1907年一直到2001年,所以全面地看交行的这段历史,在不同的历史时期、不同的社会背景下,它经营发展的规律都是不同的。这个史料集现在已经有了,行史也编了一段,就是1908年到1958年这段,将来是不是还要继续编下去?这个就要由领导来决策了。我们希望将来能看到这么一部行史,有了行史之后,一方面可以借鉴过去的一些传统的做法,一方面可以使得广大职工进一步了解我们交通银行的历史。

寄 语 交 行

我是在2008年,也就是建行100周年之后正式离开交行的。我感觉根据交通银行重新组建时的要求,坚持股份制,坚持综合经营,坚持以市场为导向,这三点已经达到了。

因为我儿子在交行培训中心,有时候他拿通讯给我看,看得出,交行是在向金融集团的方向发展。我感觉这个方向是对头的,交行光是传统业务还不行。现在架子已经搭好了,往金融集团公司方向发展,之前的财务重组,引进外资,公开上市,三步走也是完全对头的,但要真正成为一个综合性的国际化的大银行,还是要看后面的具体落实,看来还需要大家努力。

余 瑾

交通银行原筹备组副组长、原董事

寄 语 交 行

当时筹建新银行的时候用了"交通银行"这个名字,这是有传承作用的。希望交通银行有新的发展!

图书在版编目(CIP)数据

我与交行:口述历史/《我与交行:口述历史》编委会编. —上海:复旦大学出版社,
2018.4(2019.4 重印)
ISBN 978-7-309-13593-0

Ⅰ. 我… Ⅱ. 我… Ⅲ. 交通银行-银行史-史料-中国-现代 Ⅳ. F832.33

中国版本图书馆 CIP 数据核字(2018)第 054112 号

我与交行:口述历史
《我与交行:口述历史》编委会 编
责任编辑/胡欣轩

复旦大学出版社有限公司出版发行
上海市国权路 579 号 邮编:200433
网址:fupnet@ fudanpress.com http://www.fudanpress.com
门市零售:86-21-65642857 团体订购:86-21-65118853
外埠邮购:86-21-65109143 出版部电话:86-21-65642845
崇明裕安印刷厂

开本 787×1092 1/16 印张 14 字数 174 千
2019 年 4 月第 1 版第 2 次印刷
印数 13 201—14 000

ISBN 978-7-309-13593-0/F・2452
定价:38.00 元

如有印装质量问题,请向复旦大学出版社有限公司出版部调换。
版权所有 侵权必究